지도에서 사라진 도시들

지도에서 사라진 도시들

박동을 멈춘 세계사의 열두 심장, 불멸하는 문명과 야만의 역사

초판 1쇄 발행 2021년 2월 15일
초판 2쇄 발행 2021년 6월 20일

지은이   도현신
펴낸이   이영선
책임편집   이민재

편집   이일규 김선정 김문정 김종훈 이민재 김영아 김연수 이현정 차소영
디자인   김회량 이보아
독자본부   김일신 김진규 정혜영 박성래 손미경 김동욱

펴낸곳 서해문집 | 출판등록 1989년 3월 16일(제406-2005-000047호)
주소 경기도 파주시 광인사길 217(파주출판도시)
전화 (031)955-7470 | 팩스 (031)955-7469
홈페이지 www.booksea.co.kr | 이메일 shmj21@hanmail.net

ISBN 979-11-90893-46-6 03900

박동을 멈춘 세계사의 열두 심장
불멸하는 문명과 야만의 역사

지도에서 사라진 도시들

도현신 지음

서해문집

오늘날 인류의 과반은 도시에서 태어나 도시에서 생을 마감한다. 도시는 인류의 고향이자 무덤인 셈이다. 과거에도 그랬다. 지중해 연안과 메소포타미아에서, 안데스 산맥과 인더스강 언저리에서 최초의 도시들이 생겨난 이래 우리가 아는 대부분의 과학자와 사상가가, 경세가와 정치가가 도시에서 그 위대한 삶을 영위했다. 그들이 창조한 기술과 과학, 사상과 종교, 정치와 경제 체제가 꽃 피운 것도 도시다. 요컨대 도시는 인류의 거주 공간인 동시에 인류가 빚어낸 문명의 거대한 곳간이다.

이 책은 역사의 무대에서 오래전에 퇴장한, 그러나 한 시대와 지역을 풍미했던 열두 도시들의 이야기다. 지도에서 사라진 도시들은 인류가 이룩한 문명의 증거인 동시에 인류가 저지른 야만의 흔적이기도 하다. 따라서 그 도시들의 흥망을 돌아보는 일은 인류 역사의 위대함과 초라함을 한

눈에 들여다보는 여정이 될 것이다.

열두 도시의 이야기는 세 갈래로 나뉜다. 1부 '세계의 수도, 문명의 고도'는 세계를 지배한 제국들의 도읍이 주인공이다. 로마에서 런던을 거쳐 뉴욕으로 대물림해온 '세계의 수도'라는 명칭을 최초로 획득한 바빌로니아 제국의 수도 바빌론, 페르시아 제국의 심장 페르세폴리스, 몽골 제국의 고향 카라코룸, 지중해 남쪽과 서쪽의 로마로 불린 두 도시 제국 카르타고와 팔미라의 이야기가 펼쳐진다.

한편 누구나 아는 이름이지만 정작 그 진위를 두고 논란이 분분한 도시도 있다. 철학자 플라톤이 이야기한 신비의 도시 아틀란티스, 《성경》속의 소돔과 예리코, 그리스-로마 신화의 클라이맥스가 펼쳐진 트로이. 2부 '신의 도시, 인간의 도시'에서는 이러한 신화 속 도시의 실체와 그런 전설이 탄생하게 된 배경을 들여다본다.

3부 '문명의 무덤, 역사의 분수령'은 오늘날에는 세계사의 변두리로 취급받지만 놀라운 과학기술로 축조된 세 도시—인더스 문명의 모헨조다로, 흉노의 통만성, 잉카의 마추픽추—의 명멸을 다룬다. 세 도시의 운명과 함께 뒤바뀐 역사의 판도를 가늠해보는 자리가 될 것이다.

이 책은 '지도에서 사라진' 시리즈의 넷째 권이다. 2013년 《지도에서 사라진 사람들》을 쓸 때만 해도 여기까지 오리라고 기대하지 못했다. 독자들의 성원 덕분이다. 앞으로도 끊임없는 질정을 바라며, 아껴주신 독자 여러분께 감사의 인사를 올린다.

차 례

머리말 • 4

1부 세계의 수도, 문명의 고도
세계를 호령한 옛 제국의 심장들

세계의 수도,
문명의 고도

I

세계를 호령한 옛 제국의 심장들

카라코룸

카르타고

팔미라

페르세폴리스

바빌론

바빌론

팍스 바빌로니아, 최초의 세계 수도

악의 소굴이자 타락한 도시의 대명사로《성경》에
기록된 바빌론. 그러나 실제 역사에서 이 도시는 기원전
17세기부터 1000년간 흥망을 거듭하며 메소포타미아와
지중해를 호령한 바빌로니아 제국의 수도이자,
세계 문명의 요람이었다.

함무라비와 네부카드네자르 2세

바빌론Babylon의 역사는 4000년 전으로 거슬러 올라간다. 기원전 2000년경, 셈족 계열의 아모리인Amorite이 오늘날 이라크 바그다드의 남쪽, 티그리스강과 유프라테스강 사이로 이주해왔다. 본래 이 지역은 수메르인의 영토였으나, 엘람인Elam(이란인의 선조)의 공격으로 무주공산 상태였다. 사막을 떠돌다 정착을 시작한 아모리인은 이곳에 새로운 도시 바빌론을 만들었다. 이들은 훨씬 앞서 번영한 수메르의 문화를 적극적으로 흡수하며 바빌론을 중심으로 한 고대국가 바빌로니아Babylonia를 건설한다. 아모리인은 바빌론을 자신들의 수도이자 새로운 고향으로 여겼고, 스스로를 바빌로니아인이라고 부르며 새로운 시대를 열어나갔다.

바빌로니아는 함무라비 대왕(재위 기원전 1792-1750) 대에 이르러 강력한 왕국으로 발전한다. 일개 도시국가에서 메소포타미아 전역을 석권하며 지중해 세계에까지 영향력을 떨치는 제국으로 거듭난 것이다. 이후 이른바 '고대 바빌로니아'라고 불리는 300년간의 치세가 이어지고, 바빌론은 제국의 심장, 나아가 최초의 세계 수도라는 명성을 얻게 된다.

한편 이때 탄생한 것이 〈함무라비 법전〉이다. 가장 오래된 성문법 가운데 하나인 이 법전을 통해 바빌로니아 사회는, 비록 신분제라는 한계는 존재했지만 각종 민·형사적 분쟁을 법에 따라 처리했다. 이는 바빌로니아가 일찌감치 '도덕과 질서'라는 문명을 이룩하고 운용했음을 드러낸다.

고대 바빌로니아의 역사는 기원전 1595년, 현재 터키 지방에서 발흥한 히타이트 왕국에게 바빌론이 함락당하면서 종말을 맞았다. 이후 바빌론을 포함한 바빌로니아의 영토는 이라크 북부 자그로스 산맥에서 남하한 카시트Kassite 왕조(기원전 1595-1155)와 아시리아 왕국(기원전 2500-612)이 차지한다. 기원전 689년 바빌론은 아시리아의 왕 센나케리브Sennacherib(재위 기원전 705-681)의 침공으로 폐허가 되었다가, 그 아들 대에 복원되는 부침을 겪기도 한다.

기원전 626년, 바빌로니아인은 1000년 만에 독립을 쟁취한다. 나보폴라사르Nabopolassar(재위 기원전 626-605)가 신新바빌로니아 왕국을 세운 것이다. 이후 신바빌로니아는 스키타이·키메르·메디아 등 주변 유목민족과 연합 전선을 펼친 끝에 마침내 오랜 종주국 아시리아를 멸망시킨다. 기원전 612년의 일이다.

《성경》에서는 '느부갓네살'로 등장하는 네부카드네자르 2세Nebuchad-nezzar II(재위 기원전 605-562)가 왕위에 오르면서 신바빌로니아는 전성기를 맞게 된다. 이 시기 신바빌로니아는 활발한 정복 전쟁을 펼치며 이집트를 격파하고(기원전 605) 유다 왕국을 멸망시켜 수많은 유대인들을 바빌론으로 끌고 왔다(바빌론 유수, 기원전 586). 수도 바빌론 또한 규모를 크게 불리며 그야말로 제국의 심장부에 어울리는 대도시로 거듭나게 된다.

고대 그리스의 역사가 헤르도토스가 《역사》에서 묘사한 바빌론을 살펴보자. 바빌론은 넓은 평야 한가운데 위치한 거대한 사각형 모양의 도시로, 각 변의 길이가 22km이며 전체 둘레는 90km이다. 이 도시는 적의 침입을 막는 동시에 식수나 농업용수를 공급하기 위해 파놓은 깊고 넓은 해자垓字로 둘러싸여 있다. 바빌론의 해자는 도시 바깥의 유프라테스강과 연결되어 있는데, 해자 내부에는 석재로 만든 인공 하수도가 설치되었고, 하수가 밖으로 새지 않도록 아스팔트가 덮였다. 아울러 해자 주변에는 벽돌로 만든 8개 이상의 교량이 설치되었고, 이를 통해 바빌론 안팎을 자유롭게 오갈 수 있었다.

바빌론 일대는 석재가 귀했다. 이 때문에 바빌로니아인은 성벽이나 건물을 쌓을 때 흙벽돌을 사용했다. 흙을 파내어 뭉친 다음, 그것을 불에 구운 뒤 말려서 만든 벽돌이었다. 벽돌 사이사이에는 타르를 발랐는데, 이는 성벽의 접착력을 높이고 단단함을 키웠다.

흙벽돌로 축조한 성벽은 모두 세 겹으로 이루어졌다. 짧은 쪽 성벽의

〈함무라비 법전〉 상단에 조각된 함무라비 대왕 부조. 왼쪽에 서 있는 이가
함무라비, 오른쪽에 앉아 있는 이는 하늘과 땅의 판관으로 불리는 샤마쉬이다.
(프랑스 루브르 박물관 소장)

길이는 18km, 긴 쪽은 72km에 달했다. 성벽의 높이는 14m, 두께는 7m가량이었다. 성벽 위로 난 도로는 네 마리의 말이 끄는 마차 두 대가 마주보고 달려도 부딪치지 않을 만큼 넓었다. 성벽 곳곳마다 세워진 망루에는 병사들이 배치되어 하루 종일 도시 바깥을 경계했다.

신바빌로니아를 건국한 나보폴라사르. 그의 아들인 네부카드네자르 2세 대에 이르러 바빌로니아 제국은 전성기를 맞이한다.

지구라트와 공중정원

신바빌로니아 시대 바빌론의 인구는 약 15만 명이었다. 70억을 헤아리는 세계 인구와 함께 살아가는 현대인의 입장에서는 소도시에 불과한 규모이지만, 기원전 7세기경 인구 15만의 공동체는 오늘날 뉴욕이나 상하이에 비견할 만한 거대도시, 이른바 메트로폴리스였다. 오늘날 세계적인 대도시에는 저마다 내세우는 대표 건축물(랜드마크)이 있다. 고대 바빌론의 랜드마크는 지구라트Ziggurat와 공중정원The Hanging Gardens이었다.

이 가운데 지구라트는 에테메난키Etemenanki라는 수메르인의 사원에서 유래한 건축물로, 바빌론을 비롯해 메소포타미아 지역 곳곳에 건설되었다. 에테메난키는 수메르어로 '하늘과 땅의 기초를 이룬 신전'이라는 뜻

바빌론 유수 상상도. 유다 왕국을 멸망시킨 신바빌로니아
군대가 포로로 잡은 유대인 무리를 바빌론으로 끌고 가고 있다.
(제임스 티소의 그림, 1896-1902년경 작품)

이라크 남부 우르Ur의 지구라트. 우르는 고대 수메르와 바빌로니아의 중심 도시 가운데
하나였다. 사진은 계단 등 일부분만 다시 복원된 것으로, 원래의 지구라트보다 규모가
훨씬 작다.

이다. 수메르인과 바빌로니아인은 지구라트 건축을 하늘과 땅을 잇는 작업이라고 믿었고, 신의 영역인 하늘에 닿게끔 되도록 높이 쌓으려고 노력했다. 헤로도토스는 《역사》에서 바빌론의 지구라트를 '바벨탑'이라고 소개하며 이렇게 묘사했다.

> 탑은 가로와 세로의 길이가 모두 1스타디온(185m)이며, 1층의 탑 위에 2층의 탑이 서 있고, 다시 그 위에 3층에서부터 8층까지의 탑이 서 있다. 사람이 올라갈 수 있게 탑의 바깥으로 나선형 통로가 설치되어 있다.
>
> 탑 정상에는 대형 신전이 세워져 있는데, 신전 내부에는 호화로운 장식의 침대와 황금 탁자가 있다. 야간에는 여성 신관 한 명이 남아서 신전을 관리한다. 바빌로니아인은 그들의 신이 이 신전의 침대에서 밤을 보낸다고 믿기 때문이다. 따라서 이 탑을 지키는 신관은 사람과는 성관계를 하지 않는다.
>
> 신전의 밖에는 황금으로 만든 제단이 있다. 신관은 어미젖을 떼지 않은 어린 짐승만 골라서 제의를 지낸다. 이 밖에도 황금이 아닌 재질로 제작된 더 큰 제단이 있는데, 여기에서는 해마다 신에게 1000달란트에 달하는 유향을 피운다.

요컨대 지구라트는 성직자가 상주하는 신전을 보호하는 탑이었다. 신전에 오르는 길은 좁은 계단뿐이었기 때문에, 지구라트는 제례나 교리상의 비밀을 완벽하게 지킬 수 있는 공간이기도 했다.《역사》에는 지구라트를 비롯한 바빌론 신전의 주인을 '제우스 벨로스Zeus Belos'라고 칭했는데, 이는 이민족의 최고신과 제우스를 동격으로 놓은 그리스의 관례에 따른 표현이다. 바빌론의 수호신은 벨 마르두크Bel Marduk로, 함무라비 시대부터 바빌로니아에서 숭배받던 마르두크와 수메르의 신인 벨이 합쳐진 존재였다. 헤로도토스 이후 '바벨탑'으로 더 잘 알려진 바빌론의 지구라트 역시 정식 명칭은 '마르두크 지구라트'이다.

지구라트의 규모는 저마다 제각각이었으나 가장 거대했다는 마르두크 지구라트의 높이와 너비는 각각 91m에 이르렀다. 그야말로 고대판 마천루인 셈이다. 지구라트에는 별도의 욕실과 창고와 정원과 마을이 배정되었고, 성직자들은 이곳에서 나오는 생산물로 생계를 꾸리고 신에게 제물을 바쳤다.

마르두크 지구라트는 신바빌로니아의 초대 군주 나보폴라사르가 공사를 시작해 그 아들인 네부카드네자르 2세 시기에 완공되었다. 바빌론의 다른 건축물과 마찬가지로 마르두크 지구라트 역시 진흙을 가마에 넣어 구운 뒤 햇볕에 말린 벽돌로 만들어졌다. 가로세로 30cm 높이 8cm의 벽돌 수천만 개가 사용되었고, 유프라테스강에서 캐낸 타르를 벽돌 사이에 발라 접착력과 방수효과를 높였다. 각 층계의 탑마다 다른 색깔을 입혔고, 특히 꼭대기의 신전은 보석인 청금석 가루를 섞은 푸른 벽돌로 만들어져 압도적인 신비로움을 자랑했다.

지도에서 사라진 도시들

기록에 따라 3D 이미지로 구현한 마르두크 지구라트. 높이와 너비가 각각 91m에 달하는 정방형 건축물로, 꼭대기의 신전은 특별히 청금석 가루를 섞은 푸른 벽돌로 만들어져 종교적 위엄을 뽐냈다.

공중정원 역시 신바빌로니아 왕국의 전성기를 이끈 네부카드네자르 2세가 세운 건축물이다. 그는 아시리아를 멸망시키는 데 함께한 동맹국 메디아 왕국의 아미타스 공주를 왕비로 맞았는데, 그녀는 고향보다 무더운 바빌론의 기후에 적응하지 못해 고통을 호소했다. 네부카드네자르 2세는 그런 아내를 위해서 메디아 왕국과 비슷한 온도와 풍광을 가진 건축물, 곧 공중정원 축조에 나서게 된다.

이라크 북부 아시리아 유적지에서 발견된 공중정원 부조. 계단식 정원에 물을 공급하는 모습을 담고 있다.(기원전 8세기 작품으로 추정)

공중정원은 바빌론의 궁전 남쪽, 유프라테스강 근처에 지어졌다. 정원 내 온갖 식물에게 물을 신속하고 풍부하게 공급하기 위해서였다. 고대 그리스의 역사학자 스트라본Strabo에 따르면 공중정원 양옆에 설치된 수차가 유프라테스강에서 길어온 물을 끊임없이 공급했다. 스트라본과 동시대 인물인 디오도로스 시켈로스Diodoros Sikeliotes는 공중정원에 대해서 더 자세한 기록을 남겼다.

지도에서 사라진 도시들

정원의 길이는 동서남북 네 방향 모두 123m이고, 들어가는 길은 언덕처럼 높았으며, 꼭대기까지 이어지는 계단이 있었고, 각 층에는 테라스가 딸려 있었다. 테라스 앞에는 돌기둥이 세워진 복도가 있었다. 복도 천장에는 두꺼운 갈대를 한 층 깔고, 그 위에 타르를 바른 다음 구운 벽돌을 덮었다. 전체적인 모습은 마치 야외극장처럼 생겼다. 공중정원은 일곱 개 층으로 이루어졌고, 꼭대기 층은 바빌론의 성벽보다 20m나 높았다. 맨 위에서 바닥까지 구멍이 뚫려 있었고, 꼭대기 층에 설치된 회전하는 구조의 수차를 이용해 지상의 물을 끌어올려 정원에 공급한 덕분에 나무들이 자라날 수 있었다.《비블리오테카 히스토리카》, 2권)

공중정원의 각 층은 아미타스의 고향에서 공수해온 온갖 종류의 나무들로 숲을 이루었다. 디오도로스는 이게 가능했던 이유에 대해서도 밝히고 있다. 바빌론의 기술자들은 여러 겹의 벽돌로 된 각 층의 바닥에 목재를 깔고 타르를 입혀 물이 새는 걸 막은 다음, 그 위에 다시 흙을 두껍게 깔아 나무를 심은 것이다. 멀리서 바라본 바빌론의 공중정원은 글자 그대로 허공 위의 거대한 수목원이었다고 한다. 그 경이로운 광경은 지중해 저편까지 대를 이어 전승되었고, 훗날 그리스 시인 안티파트로스Antipater of Sidon가 선정한 세계 7대 불가사의에 들어가게 된다.

고대의 마천루 마르두크 지구라트와 신비로움으로 가득한 공중정원. 이 둘을 짓는 데 필요한 기술력과 노동력, 경제력을 모두 보유한 도시는

바빌론의 공중정원 상상화. 좌측 저편에 지구라트가 보인다.
(마르텐 반 헴스케르크의 그림, 16세기 작품)

당대에 바빌론뿐이었다. 기원전 6-7세기 바빌론은 그야말로 세계 최고의 대도시, 지구의 수도라고 불러도 모자람이 없었다.

《성경》이 왜곡한 바빌론

오늘날까지 전해지는 문헌 가운데 바빌로니아와 수도 바빌론에 대한 가장 많은 이야기를 담은 것은 앞서 두루 인용한 헤로도토스의 《역사》가 아니라 역사상 최고의 베스트셀러인 《성경》이다. 그런데 20억 인구가 탐독하는 《성경》에 기록된 바빌론의 모습은 하나같이 부정적인 이미지로 가득 차 있다.

> 바빌론 기슭, 거기에 앉아 시온을 생각하며 눈물 흘렸다. (…) 파괴자 바빌론아, 네가 우리에게 입힌 해악을 그대로 갚아주는 사람에게 행운이 있을지라. 네 어린것들을 잡아다가 바위에 메어치는 사람에게 행운이 있을지라.(《시편》, 137장 1-9절)

> 야훼께서 너 이스라엘의 괴로움과 불안과 또 네가 당하던 심한 고역에서 너를 풀어주시고 너에게 안식을 주시는 날, 너는 바빌론 왕에게 소리 높여 풍자의 노래를 불러주어라. (…) 성이 나서 백성들을 치고 또 치더니 화가 나서 민족들을 짓밟고 또 짓밟더니, 이제 온 세상이 한숨 돌리고 평온해져

모두들 환성을 올리게 되었구나. (…) 저 땅 밑 저승은 너를 맞기 위하여 들떠 있고 한때 세상을 주름잡던 자들의 망령을 모두 깨우며 모든 민족의 왕들을 그 보좌에서 일어나게 하는구나. 그들이 너에게 하는 말을 들어라. "너도 우리처럼 맥이 빠졌구나. 너도 우리와 같은 신세가 되었구나. 너의 위세가 거문고 소리와 함께 저승으로 떨어졌구나. 구더기를 요로 깔고 벌레를 이불로 덮었구나." (…) 너를 만나는 사람마다 어이없는 눈초리로 너를 보고 또 보며 말하리라. "이자가 바로 세상을 뒤흔들던 자인가? 나라들을 소란하게 하고 온 땅을 황무지로 만들며 도시를 헐고 포로를 가두어 두던 그자인가?"《이사야서》, 14장 3-23절)

아모쓰의 아들 이사야가 바빌론의 앞날을 내다보고 한 선언이다. (…) 너희는 통곡하여라. 야훼의 날이 다가온다. 전능하신 이께서 너희를 파멸시키시러 오신다. (…) "이제 나는 메대 사람을 부추겨 그들을 치게 하리라. (…) 나라들 가운데서도 진주 같은 바빌론, 갈대아 사람들의 자랑과 영광인 바빌론이 하느님의 손에 망한 소돔과 고모라같이 되리라. 영원히 무인지경이 되어 대를 이어 그 곳에서 살 사람이 없으리라. (…) 들짐승들이 뒹굴고 사람 살던 집에서 부엉이가 우글거리며 타조들이 깃들이고 들귀신들이 춤추는 곳이 되리라. 이리가 텅 빈 저택에서 부르면 화려하던 궁궐에서 승냥이의 소리가 메아리쳐 오리라."《이사야서》, 13장 1-22절)

마지막 인용문은 예언자 이사야가 바빌론의 멸망을 내다보는 듯하지만, 실은 바빌론 함락 이후의 기록이다. 참고로 〈이사야서〉에는 메대(메디아)가 바빌론을 멸망시킬 것이라고 언급되는데, 실제 이 도시를 함락시킨 것은 페르시아의 아케메네스 왕조였다. 메디아인과 페르시아인은 역사에서 흔히 같은 민족으로 취급되었기 때문이다. 그 밖의 인용문에서도 바빌론에 대한 강한 증오가 느껴진다. 유대인은 자신들의 나라를 무너뜨리고 신전을 파괴한 바빌로니아인을 두고두고 저주했다.

《성경》, 특히 《구약성경》에서 유대인이 기록한 바빌론의 모습은 철저하게 '신의 도구'에 불과하다. 요컨대 바빌론은 신앙심이 약해진 유대인을 징벌하기 위한 도구였으며, 그 용도가 다한 뒤 탐욕과 쾌락에 젖어 신의 분노를 사는 바람에 메대인에게 멸망당했다는 식이다. 사실 곰곰이 생각해보면 유대인 입장에서는 유다 왕국이 이교도 국가인 바빌로니아의 침략으로 망하고 자신들도 포로 신세에 처했을 때, 신의 존재나 능력에 대한 회의와 원망이 들 법하다. 어쩌면 《성경》에 기록된 바빌론 이야기는 복수심의 발로인 동시에, 당대 유대인 사이에 번졌을 '왜 우리가 믿는 신은 우리를 지켜주지 않았는가? 우리의 신은 나약한 것인가, 아니면 존재하지 않는 것인가?'라는 의구심을 차단하고 신앙을 지키려는 의도에서 비롯되었다고 보는 게 합리적이지 않을까?

세계사의 풍파에
사라져간 바빌론

신바빌로니아 왕국의 전성기는 의외로 빨리 저물었다. 기원전 539년, 페르시아 아케메네스 왕조의 침공에 바빌론이 함락당한 것이다. 건국 87년, 네부카드네자르 2세 사후 23년 만의 허망한 몰락이었다. 도시의 상징이었던 지구라트와 공중정원도 이때 모두 파괴되었다. 두 건축물이 반란군의 요새로 쓰일 것을 우려한 페르시아의 왕 키루스 2세Cyrus the Great의 결정이었다.

이후 이 지역에 바빌로니아의 이름을 계승한 국가는 다시 들어서지 못했다. 키루스 2세 사후인 기원전 529년 반란을 일으킨 바빌로니아인이 도시를 되찾았지만, 8년 만에 페르시아의 새 황제 다리우스 1세Darius I가 이끄는 군대가 바빌론을 다시 점령하게 된다. 다리우스 1세는 반란의 싹을 자르기 위해 바빌론의 입구인 이슈타르의 문Ishtar Gate을 비롯해 도시를 둘러싼 성벽을 모조리 허물어버렸다. 바빌론은 이제 그들의 문명을 지켜온 방어 시설을 모두 잃고 외침의 풍파에 맨몸으로 놓이게 된 것이다. 그렇게 험한 꼴을 당하긴 했지만 이후로도 바빌론은 페르시아의 4대 도시(나머지는 페르세폴리스, 수사, 엑바타나) 가운데 하나로 남았다. 이는 비옥한 토지와 교역에서 비롯된 바빌론의 풍요로움이 워낙 컸기 때문이었다.

기원전 330년, 바빌론의 주인이 또 한 번 바뀌게 된다. 마케도니아의

'바빌론의 문'으로도 불리는 이슈타르의 문. 좌우의 두꺼운 성벽들과 함께 바빌론의 수호신 역할을 했던 전설적인 건축물로 20세기 초에 발굴되어 그 실체가 입증되었다. 사진은 바빌론에서 출토된 유적을 토대로 재현한 작품이다.(독일 페르가몬 박물관 소장)

알렉산더 대왕이 아케메네스 왕조를 멸한 것이다. 당초 알렉산더는 바빌론을 그가 이룩한 새로운 제국의 수도로 점찍었다. 비록 바빌로니아인의 나라는 아니었지만 바빌론이 또 한 번 세계사의 중심으로 거듭날 수 있는 기회가 온 것이다. 그러나 얼마 뒤 말라리아에 걸린 이 위대한 정복자는 불과 서른셋의 나이로 바빌론의 왕궁에서 숨을 거두었고, 새 주인을 잃은 바빌론의 위상도 점점 내리막을 향하게 된다.

알렉산더 대왕 사후, 그가 정복한 영토는 마케도니아의 부하 장군들이 나눠 가졌다. 그중 하나인 셀레우코스Seleukos가 세운 셀레우코스 왕조는 그리스 본토와 이집트를 제외한 알렉산더 대왕의 정복지 전역을 지배한 제국이었다. 셀레우코스는 바빌론 인근에 셀레우키아라는 신도시를 세우고 왕조의 수도로 삼았다. 그런데 셀레우키아 건설에 쓰인 자재의 상당수는 바빌론의 것들이었다. 기존 건물을 철거하면서 나온 자재로 새 건물을 짓는 것은 고대사회에서 흔한 건축 방식이었다. 예컨대 로마에서도 중세 이후 시민들이 집을 비롯해 생활에 필요한 시설을 짓기 위해 콜로세움의 대리석이나 조각상의 상당수를 뜯어 갔고, 이 때문에 현재 남아 있는 콜로세움은 원형의 1/3에 불과한 모습이다.

셀레우코스 왕조 이후 바빌론은 퇴락을 거듭한다. 기원전 144년, 바빌론은 동방의 유목민족 파르티아인Parthian에게 점령당했다. 때마침 잇따른 내분과 외침에 시달리던 셀레우코스 왕조는 바빌론 함락을 막지 못했고, 파르티아는 그들의 근거지를 바빌론 인근의 또 다른 신도시 크테시폰으로 정했다. 이로써 한때는 세계의 수도였고, 바빌로니아 멸망 이후에도 오랫동안 메소포타미아의 제1도시였던 바빌론은 셀레우키아와 크테시폰에 이어 지역의 세 번째 도시로 밀려나게 된다.

서기 165년과 198년, 로마군이 셀레우키아와 크테시폰을 함락한다. 셀레우키아의 30만 시민들이 로마군에 학살당했고, 크테시폰 역시 10만

명이 포로로 끌려가는 피해를 입었다. 이 시기를 전후한 로마군의 바빌론 침공 기록은 찾아보기 힘들지만, 분쟁이 끊이지 않았던 그 일대의 상황으로 미루어볼 때 바빌론도 만만찮은 타격을 입었을 것으로 짐작된다.

224년, 새롭게 발흥한 페르시아의 사산 왕조가 크테시폰을 수도로 삼았다. 사산 왕조와 로마는 일진일퇴를 거듭하는 전쟁을 벌였고, 이 과정에서 크테시폰은 세 차례 함락당했는데, 마찬가지로 주변에 있던 바빌론 역시 피해를 입었을 것이다.

651년에는 이슬람 제국이 메소포타미아의 새 주인으로 등장했다. 시리아의 다마스쿠스가 근거지였던 이슬람 제국은 이후 크테시폰 인근의 신도시 바그다드로 천도한다. 신바빌로니아 멸망 이후 1000년간 페르시아 아케메네스 왕조에서 이슬람 제국까지 여러 나라들이 그 일대를 지배했지만, 저마다 바빌론이 아닌 새로운 도시를 수도로 삼은 것이다. 드높은 지구라트와 신비로운 공중정원을 자랑하던 최초의 세계 수도는 그렇게 사막의 모래바람에 바스러지고 파묻혔다. 나라를 잃고 그리스-파르티아-페르시아-이슬람의 지배를 받아온 바빌로니아인 역시 이민족에 동화되어 옛 정체성을 상실해갔다.

증오와 선망 사이의 진실

천사는 성령으로 나를 감동시켜 광야로 데리고 갔습니다. 거기에서 나는 진홍색 짐승을 탄 여자 하나를 보았습니다. (…) 이 여자는 주홍과 진홍색 옷을 입고 금과 보석과 진주로 단장하고 있었으며 자기 음행에서 비롯된 흉측하고 더러운 것들이 가득히 담긴 금잔을 손에 들고 있었습니다. 그리고 그 이마에는 "온 땅의 탕녀들과 흉측한 물건들의 어미인 대바빌론"이라는 이름이 상징적으로 기록되어 있었습니다. (…) 내가 보니 다른 천사가 큰 권세를 가지고 하늘로부터 내려오고 있었고 (…) 그는 힘찬 소리로 이렇게 외쳤습니다.

"무너졌다! 대바빌론이 무너졌다! 바빌론은 악마들의 거처가 되고 더러운 악령들의 소굴이 되었으며 더럽고 미움받는 온갖 새들의 집이 되었다. 모든 백성이 그 여자의 음행으로 말미암은 분노의 포도주를 마셨고 세상의 왕들이 그 여자와 놀아났으며 세상의 상인들이 그 여자의 사치 바람에 부자가 되었기 때문이다."(…)

그리고 세상의 상인들도 이제는 그들의 상품을 사줄 사람이 하나도 없기 때문에, 그 여자가 망하는 것을 보고 울며 슬퍼합니다. 그 상품에는 금, 은, 보석, 진주, 고운 모시, 자주 옷감, 비단, 진홍색 옷감, 각종 향나무, 상아 기구, 값진 나무나 구리나 쇠나 대리석으로 만든 온갖 그릇, 피, 향료, 향, 몰약, 유향, 포도주, 올리브 기름, 밀가루, 밀, 소, 양, 말, 수레 그리고 노예와 사람의 목숨 따위가 있습니다.

상인들은 그 여자를 보고, "네가 그렇게도 간절히 탐내던 실과가 너에게서 사라졌으며 온갖 화려하고 찬란했던 것들이 너에게서 사라졌으니 네가

지도에서 사라진 도시들

음녀로 인격화된 바빌론. 바빌론의 번영이 유대인들한테
남긴 인상이 굉장히 깊었음을 보여주는 대목이다.
(한스 부르크마이어의 그림, 1523년 작품)

다시는 그것들을 보지 못할 것이다" 하고 말할 것입니다.

그 여자 때문에 부자가 된 이 상인들은 그 여자가 받는 고통을 보고 두려워 멀리 서서 울고 슬퍼하며, "무서운 일이다! 고운 모시옷과 주홍색 옷과 진홍색 옷을 몸에 두르고 금과 보석과 진주로 단장하던 이 큰 도시에 재앙이 내렸구나! 그렇게도 많던 재물이 일시에 잿더미가 되고 말았구나!" 하고 말할 것입니다. 또 모든 선장과 선객과 선원과 바다에서 일하는 사람들도 다 멀리 서서 그 도시를 태우는 불의 연기를 보고 "저렇게 큰 도시가 또 어디 있었단 말인가?" 하고 외칠 것입니다.

그리고 그들은 머리에 먼지를 뿌리고 슬퍼 울면서, "무서운 일이다! 이 큰 도시에 재앙이 미쳤구나! 항해하는 배의 선주들이 모두 그 도시의 사치 생활로 말미암아 부자가 되었건만, 그것이 다 일시에 잿더미가 되고 말았구나!" 하고 부르짖을 것입니다.(《요한계시록》, 17장 3절-18장 19절)

위 이야기는 《신약성경》의 대단원인 〈요한계시록〉의 한 대목이다. 앞에서 소개한 《성경》 속 바빌론 묘사는 모두 예수 그리스도 이전, 구약 시대의 내용들이었다. 《구약성경》은 본디 유대교의 경전이다. 따라서 그 속에 담긴 바빌론에 대한 유대인의 증오나 부정적 시각은 충분히 이해할 만하다. 그런데 바빌로니아 멸망 이후 600년이 지난 시점에, 유대인의 입장과 역사에서도 한결 자유로웠을 《신약성경》 역시 바빌론을 악의 소굴이자 천벌의 대상으로만 그리고 있다. 그리고 이는 오늘날까지 이어진 바빌

지도에서 사라진 도시들

론의 이미지를 굳히는 데 결정적인 역할을 했다. 《신약성경》은, 또 〈요한계시록〉의 저자는 기독교인을 핍박한 적도, 핍박할 수도 없었을 바빌론을 왜 그렇게까지 부정적으로 묘사한 걸까?

우선 바빌론이 구약 시대에 남긴 인상이 워낙 강렬해서 그 기억이 신약 시대로까지 이어졌을 가능성을 생각해볼 수 있겠다. 그러나 이는 설득력이 떨어진다. 신약 시대에는 이미 바빌론을 대체하고도 남을, 그보다 훨씬 막강한 위상과 영향력을 지닌 기독교의 적대 세력―로마 제국―이 존재했기 때문이다. 그렇다면 이런 추론은 어떨까? 〈요한계시록〉이 신랄하게 비난한 대상은 당시 기독교를 탄압하던 로마 제국인데, 로마를 대놓고 저주했다가는 계시록 저자의 목숨뿐 아니라 기독교계 전체가 위태로워질 게 자명하다. 따라서 이를 피하기 위해 수백 년 전에 멸망한 신바빌로니아를 끌어와 '기독교 신자들을 박해하는 바빌론(로마)에 신의 천벌이 내려지리라'라고 에둘러 비난한 것은 아닐까? 그렇다면 바빌론과 바빌로니아인으로서는 억울한 일이다. 당대엔 존재하지도 않았던 기독교도 탄압이라는 로마의 죄까지 덮어썼을 뿐만 아니라 후대에까지 탐욕과 타락의 상징으로 낙인찍혔으니 말이다.

그런 한편 〈요한계시록〉을 찬찬히 살펴보면 유대인이 바빌론을 은근히 부러워했다는 것을 알 수 있다. 예컨대 세상의 상인들이 바빌론이 멸망하자 이제 상품을 사줄 사람이 하나도 없다면서 구슬피 흐느낀다. 나아가 바빌론에는 각종 금은보화나 물건들이 가득하고 그 덕분에 자신들도

바빌론 성벽의 유적. 신바빌로니아 왕국 시절에는 이런 성벽이
삼중으로 도시 전체를 둘러싸고 있었다.

부자가 되었다며, 저렇게 큰 도시가 또 어디에 있겠느냐며 안타까워한다. 요컨대 〈요한계시록〉의 묘사만 놓고 보면, 바빌론은 세계 경제의 중심이나 다름없는 것이다.

어쩌면 〈요한계시록〉을 포함해 《성경》에 묘사된 바빌론 역시 이 도시에 대한 유대인들의 증오와 선망이라는 양가감정으로 해석해볼 수 있지 않을까? 유대인은 유다 왕국을 멸망시키고 자신들을 노예로 부린 바빌로니아를 증오했지만, 그러면서도 고향인 유대 지방과는 비교조차 되지 않을 정도로 찬란한 문명과 영화를 누린 수도 바빌론을 부러워했던 것이 아닐지. 그리고 지금까지 살핀 바빌론 역사의 진실 역시 그 사이 어딘가에 자리하고 있는 것은 아닐지.

《성경》의 위세가 계속되는 한, 바빌론이 최초의 세계 수도였으며 고대를 통틀어 손꼽히는 문명과 번영을 누린 도시였다는 사실은 여전히 소수의 지식으로 남을 것이다. 다행인지 불행인지 오늘날 이런 현실을 안타깝게 여길 바빌로니아인은 남아 있지 않다. 그럼에도 바빌론과 《성경》의 이야기는 종교와 정치적 프로파간다가 진실을 가린 사례로 기록해둬야 할 것이다.

페르세폴리스

태양 아래 가장 부유한 도시

페르세폴리스는 기원전 5세기경 지금의 이란을 거점으로
중동을 통일한 페르시아의 수도이자 세계 최대의
도시였다. 세계 각지에서 온 기술자들이 진귀한 자재로
지은 웅장한 궁전과 보물창고가 들어섰고, 페르시아
황제들은 이곳에서 세상을 내려다보았다. 각국에서 보낸
사신들의 발길도 끊이지 않았다.

3만 개의 점토판에 기록된
100년의 대역사

페르세폴리스Persepolis는 페르시아 아케메네스 왕조의 황제가 기거하는 도시였다. 도시 건설은 3대 황제 다리우스 1세 집권기인 기원전 518년에 시작해 5대 아르타크세르크세스 1세Artaxerxes I(재위 기원전 465~424년) 시절에 마무리되었다고 전해진다. 정확한 완공 시점은 알 수 없으나, 짧게 잡아도 50년에서 길게는 100년 가까이 걸린 대역사였다. 거대도시 페르세폴리스의 규모를 상상해봄직한 공사 기간이다.

1933년부터 5년간 이 지역을 발굴조사한 독일 고고학자들은 페르세폴리스 북동쪽 터에서 3만 개가 넘는 점토판을 출토한다. 일부 점토판에는 도시 건설에 관한 기록이 새겨져 있는데, 이를 근거로 당시 상황을 그

다리우스 1세의 부조. 그는 페르시아 제국의 기틀을
잡은 황제이자 페르세폴리스의 도시 기획자였다.

려보면 이렇다.

사원이나 궁전 건축을 위해 페르시아의 각지에서 동원된 인력은 대부분 건축 교육을 받은 기술자들이었다. 그러니까 흔히 짐작하듯 불특정 다수의 백성이 동원된 강제노역이 아니었던 셈이다. 돌을 다듬고 비문을 새기는 기술자들은 이집트인이었고, 황금으로 만든 장식과 문양을 담당한 이들은 페르세폴리스 인근의 수사Susa(페르시아의 4대 도시 중 하나로 겨울 수도로 기능했다)에서 온 사람들이었다. 한편 수사의 궁전 건축 과정을 기록한 비석에 따르면 벽돌과 목재, 색을 칠하는 염료, 황금을 비롯한 각종 보석과 상아 등의 자재가 아프리카와 그리스·터키·중앙아시아·인도에서 공수되었고, 바빌로니아·이오니아인(터키 서부 해안에 거주하던 그리스계 민족) 등 각국의 기술자들이 이를 다듬어 건물을 완성했다고 한다. 따라서 여러 개의 궁전이 존재했던 페르세폴리스 건설에는 더 방대한 건축재와 그것을 다룰 다양한 민족 출신의 기술자·노동자가 동원되었을 것이다. 이는 페르시아 제국의 영향력과 생산력을 보여주는 증거이기도 하다.

발굴 조사 결과를 근거로 페르페폴리스의 건설 과정을 좀 더 들여다보면 다음과 같다. 우선 건물을 지을 곳에 땅을 파내고 자갈을 붓는다. 그 위에 동물 가죽을 겹겹이 쌓아 올리고 다시 자갈로 덮는다. 이는 외침이나 지진 등에 따른 파손을 최소화하는 일종의 내진 설계였다.

건축용 벽돌은 점토를 구운 뒤 햇볕에 말려 제작했다. 이 작업은 오래전부터 이런 식으로 벽돌을 생산했던 바빌로니아인이 맡았다. 궁전의 이

페르세폴리스의 궁전 가운데 하나인 아파다나Apadana의 외벽. 외침이나 지진에 대비한 설계로 건축된 페르세폴리스의 성벽과 궁전 외벽은 훗날 자행된 마케도니아 군대의 방화에도 불구하고 파괴되지 않았고, 2500년간 형태를 유지하고 있다.

곳저곳을 구획하는 벽은 채석장에서 가져온 돌들로 세웠다. 이 벽은 돌과 돌이 맞물리는 구조로, 접착제를 쓰지 않고도 현재까지 그 형태를 유지할 만큼 견고함을 자랑했다. 벽의 표면은 연마 작업을 통해 매끈하게 마무리되었다.

궁전 벽을 장식할 부조浮彫는 숙련된 석공의 몫이었다. 커다란 석판을 벽에다 붙이고, 표면에 그림을 그린 다음 망치와 끌과 정으로 그림의 선을 따라 정교하게 파낸다. 윤곽이 드러난 부조의 표면은 역시 연마 작업을 반복해 더욱 선명하게 마감했다.

페르세폴리스의 거대한 계단식 테라스에는 지금도 3000개가 넘는 부조가 남아 있다. 상당수가 페르시아를 찾은 사절단을 묘사하는 그림들로, 이집트·리비아·바빌로니아·이오니아·스키타이·인도·페니키아·아시리아·아라비아 등 각지의 특산물을 황제에게 조공하는 모습을 담고 있다. 이런 부조들은 역사 기록일 뿐만 아니라, 정치적 선전 도구이기도 했다. 동서남북 수많은 민족들의 지배자인 페르시아 제국과, 그 제국의 수도인 페르세폴리스야말로 명실상부한 세계의 중심임을 과시하는 예술품이었던 셈이다.

황제의 집무실은 100개의 대리석 기둥으로 둘러싸여 있어 '백주궁전'이라는 이름으로 불린다. 거대한 날개로 장식된 집무실 대문은 황제를 알현하기 위해 제국 안팎에서 찾아온 각국 사절단이 지난다고 하여 '모든 나라의 문Gate of All Nations'이라고 명명되었다. 100개의 대리석 기둥은

지도에서 사라진 도시들

┃ 페르시아 황제에게 조공하는 사절단을 묘사한 부조.

천연 염료에서 추출한 다채로운 물감으로 채색되었다. 본디 총천연색으로 빛나던 기둥들이 2500년간 햇볕과 거센 바람에 바래면서 현재의 대리석 빛깔을 드러낸 것이다.

　페르세폴리스 주변에는 파라데이소스Paradeisos라는 푸르른 정원이 존재했다. 황량한 중동 지방에 꽃과 나무로 가득 찬 정원을 만들고 유지하는 게 어떻게 가능했을까? 이는 그 일대가 오늘날에도 이란의 주요 곡창지대로 꼽힐 만큼 대대로 비옥한 까닭도 있지만, 무엇보다 페르시아 제국 초기부터 '카나트qanat'라는 지하 수로를 만들어서, 물을 공급했기 때

'모든 나라의 문'. 동서남북 수많은 나라의 사절단이
이 문을 지나 페르시아 황제를 알현했다.

문이었다. 카나트는 제국이 망한 이후에도 계속 유지되었고, 일부는 오늘날까지도 운영되고 있다. 황무지로 가득한 이란 북부 엘부르즈 산맥의 마을에서 울창한 숲을 볼 수 있는 것도 카나트 덕분이다. '낙원'을 뜻하는 영어 단어 '파라다이스Paradise'의 유래 가운데 하나가 파라데이소스라는 설도 있는데, 황무지 한가운데 자리 잡은 숲과 오아시스의 도시만큼 낙원에 걸맞은 장면도 없을 것이다.

알렉산더 대왕과 그리스 연합군의 동상이몽

기원전 330년, 페르세폴리스의 주인이 바뀐다. 그리스 도시국가 연합군을 이끌고 페르시아와 전쟁을 벌여온 마케도니아 왕국의 알렉산더 대왕이 페르세폴리스에 입성한 것이다. 페르시아의 마지막 황제 다리우스 3세는 이미 동쪽으로 달아난 뒤였다. 그리스 북부에 위치한 마케도니아의 군주가 무슨 이유로 머나먼 페르시아까지 원정을 왔을까? 알렉산더가 내세운 명분은 과거 페르시아의 그리스 침공에 대한 복수였다. 실제로 기원전 490년 다리우스 1세의 페르시아군이 아테네를 공격했고, 10년 뒤에는 그의 아들이자 4대 황제인 크세르크세스 1세Xerxes I가 직접 그리스를 침공하여 아테네를 불태운 바 있었다.

물론 이는 그럴듯한 핑계에 불과했다. 당시 마케도니아는 같은 그리스인에게조차 야만인이라고 멸시당하는 형편으로, 심지어 아테네와 테베 같은 몇몇 도시국가들은 마케도니아를 페르시아보다 더 위험한 적대국으로 여기고 있었다. 알렉산더의 부왕인 필리포스 2세가 파우사니아스Pausanias of Orestis의 칼에 살해되었다는 소식에 아테네 시민들은 감사의 뜻으로 파우사니아스에게 황금 왕관을 보내기로 결정했고, 훗날 알렉산더 대왕의 부고에는 거리로 몰려나와 축제를 벌일 정도였다. 아테네의 웅변가로 한평생 마케도니아를 비난하는 데 재능을 바친 데모스테네스 Demosthenes의 흉상 아래엔 "데모스테네스여, 그대에게 용기만큼의 힘이 있었다면 마케도니아 야만인들이 그리스를 지배하지 못했을 것이다"라는 글귀가 새겨지기도 했다. 따라서 알렉산더의 페르시아 원정에 그리스 도시국가들이 참전한 것 또한 대의명분보다는 마케도니아가 가진 군사력에 대한 공포심이 작용했다고 보는 게 합리적이다.

이를 간접적으로 뒷받침하는 사실은 알렉산더 원정군에 소속된 그리스인 병력과 페르시아 제국군에 소속된 그리스인 용병의 수가 엇비슷했다는 사실이다. 예컨대 이소스와 가우가멜라에서 벌어진 전투에서는 1만에서 최대 5만에 달하는 그리스인 용병들이 페르시아군의 일원으로 알렉산더 대왕의 연합군에 맞서 싸웠다. 가우가멜라 전투에서 패배하고 도망길에 오른 다리우스 3세의 곁을 끝까지 지킨 2000명의 호위병 역시 그리스인 용병들이었다.

그렇다면 페르시아 원정에 나선 알렉산더의 속셈은 무엇이었을까? 명

지도에서 사라진 도시들

분에 가려진 진짜 목적은 페르시아가 가진 엄청난 경제력에 있었다. 비록 오늘날에는 미국과 서방의 경제 제재에 시달리는 이란이지만, 기원전 6세기부터 200년간 페르시아 제국은 세계에서 가장 부유한 나라였기 때문이다.

태양 아래 제일의 경제력이
불러온 재앙

페르시아의 부는 당대 그리스인의 상상을 가볍게 뛰어넘었다. 알렉산더 대왕이 페르세폴리스를 점령하고 나서 차지한 금화만 무려 12만 달란트(3000톤)에 달했다. 《플루타르코스 영웅전》에 따르면 이를 운반하는 데 노새 두 마리가 끄는 수레 1만 대와 낙타 5000마리가 동원되었다고 한다. 금화 12만 달란트는 동시기 그리스 도시국가 가운데 가장 부유했던 아테네 1년 재정의 300배에 달하는 거액이었다. 그리스 전체를 합쳐도 비교하기 민망할 만큼 페르시아 제국의 경제력이 막강했다는 뜻이다.

또한 고대 지중해 일대에서 페르시아 제국이 발행했던 다릭daric 금화의 위상은 오늘날 세계의 기축통화인 달러화와 다를 바 없었다. 그리스인들은 다릭 금화를 갖기 위해 페르시아를 약탈하거나 페르시아 군대에 용병으로 복무하기도 했다. 따라서 알렉산더 대왕의 원정은, 페르시아를 정복함으로써 다릭 금화를 완전히 차지하려는 야망의 실천이기도 했다. 알

페르시아 제국에서 발행한 다릭 금화.
이 금화의 위상은 오늘날 미국 달러화와 같았다. 그리스 연합군의 목적 역시
다릭으로 대표되는 페르시아의 경제력에 있었다.

렉산더 대왕의 원정에 동참했던 그리스인 데마라투스Demaratus는 그 야
망이 성공한 직후 "오늘 이전에 죽은 그리스인은 알렉산더가 다리우스의
왕좌에 앉는 모습을 못 보았으니, 세상에서 가장 큰 기쁨을 모른 채 죽었
구나!"라고 소리치며 감격의 눈물을 흘렸다고 한다(《플루타르코스 영웅전》).
또한 그리스 역사가 디오도로스 시켈로스는 알렉산더 원정군의 일원이
었던 이의 페르세폴리스 목격담을 이렇게 전한다.

페르세폴리스는 태양이 비추는 땅 위에서 가장 부유한 도시였다. 궁전은
물론 백성들이 사는 민가에도 없는 물건이 없을 만큼 풍요로웠다. 내부의
성은 세 겹의 둥근 담으로 둘러싸였고, 궁전의 테라스에서 동쪽으로 떨어

지도에서 사라진 도시들

페르세폴리스 궁전의 상상도.(샤를 쉬피즈의 그림, 연대 미상)

페르세폴리스를 불태우는 알렉산더 대왕과 그리스 연합군.
(조르주 앙투안 로슈그로스의 그림, 1890년 작품)

진 곳에는 페르시아 역대 황제들이 묻힌 무덤들이 있었다. 궁전 및 페르시아의 높은 관리들이 사는 저택들은 테라스 곳곳에 있었는데 무척이나 화려했고, 귀중한 물건들을 보관하는 보물창고도 있었다. 알렉산더 대왕은 거느린 병사들에게 궁전을 제외한 페르세폴리스의 모든 곳을 약탈하도록 허락했다.(한스, 크리스티안 후프 외,《임페리움》, 203쪽에서 재인용)

흔히 약탈이라고 하면 그냥 재산을 빼앗는 정도로 이해하기 쉽지만, 고대 세계에서의 약탈은 현대인의 상상을 초월할 만큼 잔혹했다. 고대 그리스 서사시《일리아스》와《오디세이아》에서 묘사된 도시의 약탈은 '모든 남자들을 죽이고 여자들만 살려서 노예로 삼는다'로 요약할 수 있다. 이는 세월이 많이 흐른 로마 시대에도 마찬가지였다. 뒤에서 다루겠지만 로마가 카르타고를 함락시켰을 때, 로마군은 카르타고의 모든 성인 남성을 죽이고 여자와 아이는 노예로 팔아버린 것은 물론 도시 전체를 파괴하고 불을 질렀다. 페르세폴리스에서 자행된 약탈 역시 비슷한 풍경이었을 것이다.

실제로 페르세폴리스를 점령하고 3개월 만인 기원전 330년 4월, 알렉산더 대왕은 페르세폴리스의 궁전을 비롯해 도시 전체를 불태우라는 지시를 내린다. 페르세폴리스의 최후를 묘사한《플루타르코스 영웅전》에 따르면 마케도니아 병사들이 횃불을 들고 궁전으로 몰려가서 불을 질렀으며, 그들은 이 명령을 이제 페르시아를 떠나 고국인 마케도니아로 돌아간다는 뜻으로 여겼다고 한다.(하지만 알렉산더 대왕은 이후로도 마케도니아로 돌아가지 않고 10년간 원정을 계속하다가 바빌론에서 죽었다.) 알렉산더의 속내는 알 수 없지만, 짐작컨대 페르시아인을 향한 일종의 메시지가 아니었을까. 제국의 수도를 남김없이 파괴함으로써 '이제 너희들의 제국은 멸망했으니, 새로운 지배자인 나에게 복종하라!'는 뜻을 전달하는 것이다. 그런 점에서 보자면 그리스인들이 마케도니아에 품었던 적의가 근거 없는 편견은 아니었을지도 모른다.

영광의 200년,
폐허의 2000년

페르시아 제국의 멸망과 더불어 절멸에 가까운 피해를 입은 페르세폴리스는 이후 한 번도 복구되지 못한 채 폐허로 남았다. 이 도시가 다리우스 1세때부터 약 200년간 전성기를 누렸다는 걸 생각하면 그 열 배가 넘는 시간을 아무도 살지 않는 빈터로 보낸 것이다. 그동안 페르세폴리스에는 무슨 일이 벌어졌을까?

알렉산더 대왕 사후 페르시아 일대를 지배한 셀레우코스 왕조는 알렉산더의 후계자를 자처했다. 그런 입장에서 페르세폴리스 복구는 왕조의 정통성을 흔들 수 있는 위험한 일이었으니 엄두를 낼 수 없었을 것이다. 셀레우코스 왕조가 쇠퇴하자 우즈베키스탄 지역에서 남하한 유목민 왕

2000년이 넘는 풍파에 바스러지고 허물어져 가는
페르세폴리스 서쪽 구역의 유적지.

조인 파르티아가 페르세폴리스를 차지했다. 파르티아 역시 마케도니아처럼 이방인이었던 데다가 약 100년 동안 셀레우코스 왕조의 영향력 아래에서 그리스 문화권에 속했기에 옛 제국의 수도에는 별다른 관심을 두지 않았다.

파르티아를 무너뜨리고 등장한 사산 왕조는 페르시아 제국의 후계자였던 만큼 페르세폴리스의 복원을 시도해볼 법했다. 하지만 사산 왕조는 로마에 빼앗겼던 옛 페르시아 제국의 영토인 아나톨리아(터키)·시리아·이집트를 되찾는 일에 더 큰 관심을 보였다. 그런 만큼 건국 초기부터 로마와의 전쟁에 국력을 집중했고, 막대한 인력과 비용이 요구되는 페르세폴리스 복원은 국가 정책의 우선순위에 들지 못했다.

이후 사산 왕조를 무너뜨리고 페르시아 지방을 차지한 이슬람 제국으로선 조로아스터교를 국교로 삼았던 페르시아의 옛 도읍지 복원에 관심을 보일 리가 없었다. 불행히도 이후로 이 지역을 지배한 것은 모두 이슬람 국가들이었기 때문에, 페르세폴리스는 이교도의 유적으로만 남아 오늘에 이르게 된다.

페르시아 문화의
정신적 수도

비록 폐허가 되었지만 대제국의 수도이자 태양 아래 가장 부유한 도시라

페르세폴리스 유적지 전경. 웅장했던 도시는 조락을 거듭하며 폐허로 변했지만,
페르세폴리스는 여전히 페르시아 문화의 정신적 도읍이다.

는 명성은 대대로 전승되어 역사의 몇몇 장면에 등장하게 된다. 예컨대 사산 왕조의 아르다시르 1세Ardashir I는 500년 전 알렉산더 대왕이 페르세폴리스를 불태운 일을 상기하며, "내가 황제가 되면 알렉산더가 남긴 모든 죄악을 페르시아에서 없애버릴 것이다!"라는 말과 함께 왕조 창건의 명분으로 삼았다. 역설적이지만 페르세폴리스의 비참한 최후가 먼 훗날 또 하나의 페르시아 제국을 일으키는 동력으로 작용한 셈이다.

페르세폴리스의 멸망은 문학사에도 그 흔적을 남겼다. 페르시아 제국의 국교인 조로아스터교에는 아지다하카Azhi Dahaka라는 사악한 용의 전설이 전해져온다. 그리고 1010년에 완성된 페르시아 고전문학의 정수 《샤나메Shahnameh, 왕의 책》에는 이 악룡이 자하크Zahhak라는 이름의 인간 왕자로 등장한다. 그런데 이 인물의 모티프가 다름 아닌 알렉산더 대왕으로 추정된다. 자하크의 주요 일생이 알렉산더의 생애와 비슷하기 때문이다. 둘 다 서쪽에서 페르시아로 쳐들어왔으며, 어머니와 근친상간 관계이며, 왕위에 오르기 위해 아버지를 살해했거나 그런 혐의를 받았다. 알렉산더가 조로아스터교의 신전을 불태우고 사제들을 살해했듯, 자하크 역시 페르시아의 종교를 박해했다. 또한 알렉산더 대왕의 탄생 설화 가운데 그가 뱀으로 변신한 제우스와 올림피아스 사이에서 태어났다는 이야기가 있는데, 고대 그리스에서는 뱀을 용과 같은 존재로 인식했다. 이런 유사성을 감안할 때, 페르세폴리스를 불태운 알렉산더 대왕에 대한 조로아스터교도와 페르시아인의 오랜 증오가 서사시《샤나메》의 악당 자하크를 만들어낸 것이 아니었을까? 그렇다면 페르세폴리스의 최후가 페르시아 문학의 걸작이 탄생하는 데도 적잖은 영향을 끼쳤다고 볼 수 있을 것이다.

페르세폴리스는 200년간 세계를 지배한 제국의 수도였기에 페르시아인의 정신적 성지로 대우받아왔다. 《샤나메》에서 페르시아의 군주로 등장하는 잠시드Jamshid가 도읍으로 삼은 곳 또한 페르세폴리스로 묘사된다. 그리고 이란인들은 이슬람 제국과 셀주크투르크와 몽골 제국 등 외세의 숱한 침입에도 불구하고 오늘날까지 '페르시아인'이라는 정체성을 지키는 데 성공했다. 이 또한 페르세폴리스라는 대제국의 수도가 남긴 정신적 유산의 영향이 아닐는지.

페르세폴리스 _ 태양 아래 가장 부유한 도시

카라코룸

몽골 제국의 진앙

13세기 세계를 제패한 몽골 제국의 수도 카라코룸.
이 도시에는 하루에 500대의 마차가 오가며 물자를
운반했고, 유럽에서 건너온 기술자가 만든 '술이 흐르는
나무'가 설치되는 등 풍요와 문명의 극치를 누렸다. 인류
역사상 최대 제국의 고향이자 심장이었던 카라코룸이
불과 한 세기만에 쇠퇴와 소멸에 이른 사연은 무엇일까?

≈

천막의 도시

몽골 중부 오르콘강 하류에 위치한 카라코룸Karakorum은 몽골어로 '검은
(카라) 성(코룸)'이라는 뜻이다. 이 도시는 1206년에 건국된 몽골 제국의 수
도이지만, 사실 유목민족인 몽골족에게는 일정한 장소에 터를 잡는 정주
定住 개념이 없었다. 1218년 칭기즈 칸이 호라즘 제국을 정복하기 위해 군
대를 소집할 때만 해도, 이곳은 이동식 천막(게르) 진지에 불과했다. 그러
니까 최초의 카라코룸은 일종의 텐트촌이었던 셈이다.

　몽골 제국의 2대 황제(대칸) 오고타이 칸窩闊台汗(재위 1229-1241)이 중국
북부를 지배하던 금나라를 멸망시키면서, 카라코룸은 성벽에 둘러싸인
도시로 탈바꿈한다. 이는 몽골족이 중국·이슬람 문화와 접촉하면서 고정
된 건축물에 기반한 정주 개념을 익혔을 뿐만 아니라, 대제국을 통치·유

몽골의 이동식 주택인 게르. 카라코룸의 초기 형태는 이런 게르가
줄지어 늘어선 천막 진지에 가까웠을 것이다.

복원된 몽골 제국 시절의 카라코룸 시가지 모형.(울란바토르 국립 박물관 소장)

지하기 위한 도시의 필요성을 깨닫게 된 결과로 보인다.

카라코룸의 '도시화'는 1235년부터 1년간 진행되었다. 공사 기간이 짧은 것은 무엇보다 대제국의 인력과 자원 동원력 덕분이겠지만 도시의 면적이 생각보다 아담했을 가능성도 존재한다. 카라코룸 건설은 황제와 그 일족이 사는 궁궐과 이를 둘러싼 성벽에 집중되었고, 나머지 주민들은 천막생활을 계속했을 수 있다는 뜻이다. 실제로 몽골족과 비슷하게 유목생활을 하는 부랴트족이나 투르크족은 도시에서도 여전히 천막생활을 고집하곤 했다.

유럽 선교사의 눈에 비친
카라코룸

프랑스의 가톨릭 수도사인 기욤 드 뤼브룩Guillaume de Rubrouck은 국왕 루이 9세의 사신 자격으로 1254년 카라코룸에 입성했다. 그는 공식적으로는 프랑스의 이집트 군사 원정에 몽골의 참전을 요청하는 사절단의 일원이었지만, 몽골에 가톨릭을 전파하려는 속내를 갖고 있었다. 대개의 해외 파견 선교사들은 해당 지역의 풍습과 문화를 상세하게 기록한다. 뤼브룩 또한 자신이 몽골 제국에서 겪은 일들을 꼼꼼하게 정리했고, 이는《몽골 기행Itinerarium》이라는 책으로 세상에 알려지게 된다.

《몽골 기행》에 따르면, 칸(대칸, 황제)의 궁궐을 제외한 카라코룸의 면적은 프랑스의 지방 도시 생 드니Saint Denis보다 작다. 궁궐의 규모 또한 생 드니에 세워진 가톨릭 성당의 1/10 정도였다고 한다. 어떻게 그렇게 작은 궁에서 칸을 비롯한 몽골 제국의 지배층들이 살 수 있었을까? 뤼브룩에 따르면 그가 직접 만나본 제국의 4대 황제 몽케 칸夢哥汗(재위 1251-1259)과 그 일족은 궁궐이 아닌 '시라 오르두Sira Ordu'라고 불린 금빛 군주 전용 게르에서 살았다고 한다. 시라 오르두는 한번에 2000명을 수용할 수 있는 초대형 게르다. 황족이 애써 건설한 궁궐을 마다하고 천막생활을 할

기욤 드 뤼브룩
(1220-1293). 외교관·
선교사로서 그가 남긴
기록은 몽골 제국과
카라코룸에 관한 귀중한
사료로 남았다.

정도로 몽골족에겐 유목민의 유전자가 각인되어 있었던 모양이다.

이 밖에도《몽골 기행》에는 카라코룸의 내부를 들여다볼 수 있는 기록이 가득하다. 카라코룸 안에는 무슬림 거주지가 존재했는데, 이곳에 바자르Bazaar(시장)가 들어섰다. 이는 무슬림이 당시 세계에서 가장 광범한 상업 활동을 벌인 사실과 관련 있을 것이다. 무슬림은 이보다 400년가량 앞선 9세기 무렵에 이미 아랍에서 인도양을 거쳐 동남아시아와 중국은 물론 한반도의 신라까지 진출했던 국제 무역인이었다.

시장 다음의 요지는 기술자들이 사는 구역인데, 이곳의 주요 거주자는

▌ 카라코룸 유적지의 가마. 건축에 필요한 벽돌을 구웠던 곳으로 추정된다.

카타이Cathay, 즉 중국인들이었다고 한다. 칭기즈 칸은 중국 본토를 침공하면서 각종 첨단 무기들(투석기·투창기 등)을 경험했고 기술력의 중요성을 절감했다. 이에 중국인 기술자들을 카라코룸으로 끌고 와서 각종 무기와 도구를 만들도록 한 것이다.

종교 시설도 존재했다. 뤼브룩에 따르면 카라코룸에는 기독교 교회 한 곳과 모스크(이슬람 사원) 두 곳, 그 밖에 '우상을 섬기는 사원'이라고 표현된 장소 열두 곳이 있었다. '우상을 섬기는 사원'은 불교나 도교의 사원을 가리키는 것으로 보인다. 13세기의 유럽인 뤼브룩은 동양의 종교에 무지했던 데다가, 야훼를 제외한 다른 신을 모두 우상으로 치부하는 가톨릭 신부였다는 점을 감안해야 할 것이다.

한편 시라 오르두를 사실상 황궁皇宮으로 운용하면서, 벽돌담으로 둘러싸인 기존 궁궐은 일종의 별궁別宮으로 사용되었다. 카라코룸 성벽 인근에 자리 잡은 이 궁궐은 칸이 한 해에 두 차례씩 벌이는 귀족들과의 연회장이기도 했다. 또한 이곳에는 특별한 조형물이 하나 존재했는데, 프랑스 출신 장인 기욤 부시에Guillaume Bouchier가 은으로 제작한 기계식 나무였다. 이 나무의 구조와 쓰임새는 다음과 같다. 나무에는 펌프와 네 개의 기다란 관로가 삽입되었고, 각각의 관

몽케 칸의 초상. 그는 천막 생활을 고집하는 전통주의자이면서도, 프랑스의 사절단을 환대했으며, 궁궐에서 동서양 종교에 대한 토론회를 열도록 지시를 할 만큼 열린 생각의 소유자이기도 했다.

로는 나무 상단에 위치한 뱀 형상 네 개와 하나씩 연결되었다. 꼭대기에는 나팔을 든 천사상이 있는데, 역시 아래까지 연결된 관으로 나팔을 불면 펌프가 작동하고, 관로를 지나 나무 상단까지 끌어올려진 마유주馬乳酒와 포도주와 벌꿀주와 미주米酒가 네 마리 뱀의 입에서 흘러내리는 구조였다. 나무 아래에 설치된 네 마리의 사자상에서도 아이락Airag이라는 몽골 전통 마유주가 흘러나왔다. 이 술들은 항아리에 담겨 칸이나 귀족에게

카라코룸 궁궐에 존재했다고 기록된 은제 나무의 상상화.

현대에 복원한 은제 나무.

제공되었다.

카라코룸에는 서양인들도 여럿 체류하고 있었다. 은제 인공나무를 제작한 장인 기욤 부시에를 비롯해 몽골군이 유럽 원정에서 포로로 데려온 러시아인·헝가리인·아르메니아인·조지아인 등이 그곳에 살았다.《몽골 기행》에는 뤼브룩이 부활절을 맞아 집전한 성찬식에 이들이 몰려든 모습이 기록되어 있다.

이렇듯 다양한 민족과 문화가 공존하는 국제도시였던 카라코룸에서는 종교인들끼리 각자의 신앙을 두고 토론이 벌어지는 경우도 있었다.《몽골 기행》에도 몽케 칸의 주관하에 뤼브룩과 영혼의 환생을 주장하는 불교 승려가 논쟁한 일화가 기록되어 있다. 몽케 칸을 비롯한 몽골 지배층 입장에서도 단시간에 여러 민족들을 정복했기에, 다종다양한 종교와 문화를 비교해보고 싶었을 것이다. 다만 몽케 칸은 다른 종교를 모욕하는 자는 사형에 처하겠다는 엄포를 놓음으로써 토론이 감정싸움으로 흐르는 것은 막았다고 한다.

앞서도 언급했듯 뤼브룩은 가톨릭 성직자로, 그의 카라코룸 방문에는 프랑스 국왕의 사신 노릇만이 아니라 동방에 기독교를 전파한다는 목적이 있었다.《몽골 기행》에는 서양인이 몽골에서 높은 지위를 누리며, 칸을 비롯한 고위층이 기독교를 긍정한다는 서술이 등장한다. 이는 이 책으로 몽골 제국에 관한 정보를 접할 프랑스 국왕을 향한 선전술이기도 했다. 하지만 이러한 묘사는 지나친 과장이다. 실제로 몽케 칸은 독실한 불교 신자로 결코 기독교로 개종하지 않았다. 후대의 군주들도 마찬가지였다. 그런 까닭에 14세기 이후 로마 교황청에서 몽골 제국에 가톨릭 선교사들을 여러 번 파견했지만 실제 가톨릭의 교세는 미미했다.

제국의 수도에서 내려오다

1260년, 카라코룸은 몽골 제국의 수도 지위를 빼앗긴다. 1259년 몽케 칸이 남송 원정에서 타계한 뒤 5대 황제에 오른 쿠빌라이 칸(재위 1260-1294)이 상도上都(현재의 내몽골에 위치)를 건설해 천도한 것이다. 쿠빌라이 칸은 한족의 문화와 가치관에 관용적이었던 인물로, 1271년에는 수도를 다시 대도大都(베이징)로 옮기고 국호도 중국식 명칭인 원元으로 바꾸었다.

　제국 제1도시의 지위를 상실한 카라코룸은 쇠락을 거듭했다. 1277년에는 쿠빌라이 칸의 집권과 그의 중국문화 우호 정책에 반발해 반란을 일으킨 카이두Kaidu의 군대에 도시가 점령당하는 사건이 벌어지기도 했다. 카이두의 카라코룸 점령은 1년 만에 끝났지만, 그 바람에 초원을 중심으로 이뤄져온 그 일대의 육상무역은 큰 타격을 입었다. 몽케 칸 시대에 매일 수레 500대가 오갈 만큼 번성했던 카라코룸의 교역량은 잇따른 천도와 내전으로 차츰 줄어들었고, 더 안전하고 풍족한 삶을 위해 남쪽의 대도로 이주하는 사람들이 늘어났다.

　그럼에도 제국의 발흥지로서 카라코룸은 여전히 몽골인의 정신적 수

초원 위의 카라코룸 성벽. 원나라는 상도와 대도로 천도를 거듭했지만 몽골인은 여전히 카라코룸을 수도로 여겼다.

카라코룸 유적지의 불탑. 본래 도시를 에워싼 성벽 위에 불탑을 덧대어 쌓은 것으로 보인다.

도였다. 원나라 정부는 관리를 파견해서 도시를 돌보았고, 주민들을 구휼하기 위한 식량 공급도 잊지 않았다. 이런 꾸준한 정성에 힘입어 카라코룸은 원나라 말기에 짧은 부흥을 맞게 된다. 1368년 주원장이 세운 명나라에 대도와 상도가 차례로 함락당하며 몽골 초원으로 쫓겨난 원나라의 마지막 도읍이 된 것이다.

고향으로 돌아오며 북원으로 개칭한 몽골 제국은 잠시나마 명나라의 군대와 맞서는 듯 했으나, 1388년 5월 18일 호륜패이呼伦贝尔 호수(현재 내몽골 베이얼 호수)에서의 일전에서 대패하고 곧이어 원의 마지막 황제이자 북원의 초대 황제인 혜종까지 살해당하며 완전히 몰락한다. 승리한 명나라 군대는 곧장 카라코룸까지 쳐들어와서 도시를 파괴하고 불태웠다. 카라코룸이 명나라 군대에 남김없이 짓밟힌 이 사건으로 몽골이 세계를 호령하던 대제국에서 약소국으로 전락했음이 만방에 알려지게 된다.

한편 몽골에게는 명나라 말고도 적수가 또 하나 있었는데, 서쪽의 오이라트족Oirat이었다. 오이라트는 칭기즈 칸 시절 한 차례 몽골에 굴복한 바 있었지만, 원나라의 몰락을 틈타 카라코룸을 점령하게 된다. 물론 이때 카라코룸은 명나라의 방화와 파괴로 도시 기능을 상실한 상태였으나, 오이라트로서는 제국의 옛 수도를 차지했다는 것만으로도 몽골 제국의 후계를 자처할 명분을 내세울 수 있었다. 물론 몽골인은 오이라트족이 주장하는 초원의 패권을 인정하지 않았다. 더구나 몽골 초원에서 칸의 자격은 오직 칭기즈 칸의 후손에게만 주어지는 것이어서, 오이라트의 위세가 아무리 커도 칸의 칭호는 용납되지 않았다. 이후 200년에 걸친 두 민족 간의 갈등은 1552년 쿠빌라이 칸의 후손 알탄 칸俺答汗이 오이라트족을 서쪽으로 쫓아내고 카라코룸을 수복함으로써 종지부를 찍게 된다.

물론 카라코룸을 되찾았다고 해서 몽골 제국의 영광이 되살아난 것은 아니었다. 명나라에게 쫓기고 오이라트족과 분쟁을 거듭하면서 몽골족의 기세가 눈에 띄게 쇠락했기 때문이다. 결정적으로 16세기 중반 이후 몽골족이 티베트 불교에 빠져들면서 카라코룸의 운명도 뒤틀리게 된다.

1585년 몽골의 통치자였던 압타이 사인 칸Abtai Sain Khan은 티베트의 지도자 달라이 라마와 만난 후, 티베트 불교를 몽골의 국교로 선포한다. 그러고는 카라코룸에 남아 있던 건축물을 헐어버린 뒤, 그 자리에 에르덴조Erdene Zuu라는 불교 사원을 건설했다. 로마가 망한 뒤 콜로세움의 석재를 가져다 주택을 지은 사례에서 보듯, 고도古都의 건축물을 해체한 자재로 새 건물을 짓는 일이 별스러운 사건은 아니다. 다만 카라코룸의 경우가 다른 것은 그 행위가 도시와 민족의 정체성을 탈바꿈시켰다는 점이다.

에르덴조 사원은 중국 양식의 건축이었다. 지붕을 덮은 기와는 녹색이었고, 앞마당에는 커다란 탑이 들어섰는데, 이 탑을 108번 돌면 해탈이 이루어진다는 신앙이 퍼졌다. 사원은 1000명의 승려가 머물 만큼 번영했다. 이들이 초원을 돌아다니며 전파한 티베트 불교의 교리는 용맹한 전사였던 몽골족을 평화롭고 온순한 민족으로 감화시켰다. 그리고 이러한 변

카라코룸의 에르덴조 사원. 에르덴조 오른쪽으로 보이는 이국적인 석탑에는
몽골 티베트 불교의 선지자인 자나바자르Zanabazar의 유해가 안장되어 있다.

화는 외세의 위협에도 제대로 저항하지 못하게 되는 역효과를 불러일으키기도 했다.

700년 만의 부활

오늘날 몽골 카라코룸에서는 그곳이 역사상 최대 제국의 수도였음을 보여주는 어떤 유적이나 위용을 찾아볼 수 없다. 앞서 설명했듯 1388년 명나라 군에 파괴된 후 재건되지 못하다가 200여 년 뒤 불교 사원이 들어섰기 때문이다. 그럼에도 카라코룸은 여전히 몽골인의 정신적 수도 지위를 누렸다. 17세기 중엽 이후 몽골은 동쪽에서 일어난 만주족(청나라)의 지배를 받게 된다. 19세기 말부터는 북쪽에서 쳐들어온 제정 러시아의 위협에 시달렸고, 20세기에는 소련의 위성국가로 전락하기도 했다. 그렇게 수세기에 걸친 외침과 수난에도 몽골족은 자신들의 정체성을 유지해왔다. 이는 무엇보다 그들이 세계를 제패했던 몽골 제국과 칭기즈 칸의 후손이라는 역사적 자부심을 간직하고 있기 때문이다. 그리고 그 자부심에는 제국의 진앙이자 뿌리였던 카라코룸에 대한 향수와 애정이 깃들어 있다.

　1990년대, 소련 붕괴 이후 자본주의 체제로 전향한 몽골 사회에는 민족주의 바람이 불었다. 그에 발맞춰 몽골 정부는 2050년까지 수도를 지금의 울란바토르에서 카라코룸으로 옮기겠다는 의지를 표명했다. 사실 울란바토르Ulaanbaatar라는 말 자체가 몽골어로 '붉은(울란) 영웅(바토르)'

이라는 뜻으로 공산주의 색채를 띤다. 애초에 이곳을 몽골의 수도로 삼은 것도 소련의 의중이었다. 따라서 수도 이전은 몽골이 20세기 구체제에서 완전히 벗어났다는 선언이기도 하다. 동시에 이는 몽골인이 카라코룸이 라는 도시에 품은 정서를 짐작해볼 수 있는 대목이기도 하다.

카르타고

그리스와 로마가 질투한 도시

기원전 3세기, 북아프리카의 카르타고는 지중해 최대의
도시국가였다. 동시에 이베리아 반도와 북아프리카,
시칠리아에 무수한 식민지를 거느린 고대 제국이었다.
로마 제국에 앞서 지중해를 지배했던 카르타고는 어떻게
패권을 잡았고 무슨 사연으로 몰락했을까? 멸망 이후
카르타고 땅에선 어떤 일들이 벌어졌을까?

페니키아의 후예

카르타고Carthage는 기원전 814년, 지금의 레바논에서 바다 건너 북아프리카의 튀니지로 이주해 온 페니키아인이 만든 도시였다. 페니키아인은 뛰어난 뱃사람이자 정열적인 무역상으로 유명했다. 그들은 기원전 600년에 아프리카 대륙을 배로 일주했고, 영국 서남부 콘월 지방까지 진출해 원주민을 상대로 희귀 광물인 주석을 거래했을 만큼 광범한 활동 반경을 자랑했다.

전설에 따르면 카르타고를 만든 장본인은 페니키아의 공주인 디도Dido이다. 그녀가 튀니지에 도착했을 때, 그곳에는 이아르바스라는 우두머리가 다스리는 토착민 부족이 존재했다. 디도가 이아르바스에게 자신들이 살 수 있는 땅을 요청하자, 이아르바스는 '소 한 마리의 가죽으로 덮

을 수 있을 만큼'이라는 단서를 달아 이를
수락했다. 이에 디도는 소의 가죽을 실처럼
가늘게 자른 다음 이어 붙이는 묘수로 언덕
하나를 얻어 냈고, 이 언덕이 카르타고의
모태가 되었다고 한다. 카르타고라는 이름
의 유래는 페니키아어 카르트 하다시트Qart
Hadasht로, 이는 '새로운 도시'라는 뜻이다.

페니키아의 공주이자
카르타고의 건설자인
디도의 상상화.(도소
도시의 그림. 연대 미상)

　이 전설을 곧이곧대로 믿기는 힘들다. 비
슷한 민담이 세계 각지에서 전해지기 때문
이다. 예컨대 17세기 중반 시베리아 동부로
진출한 러시아인과 토착민 사하족 사이에
서도 이와 거의 똑같은 에피소드가 있었다고 전해진다. 그러니 디도의 설
화는 역사적 사실이라기보다는 페니키아인(카르타고인)에 대한 동시대인
의 인상비평으로 받아들이는 게 좋겠다. "페니키아인은 이렇게 영리하고
도 교활한 민족이다. 우습게 여기지도 쉽사리 믿지도 말라."

　《플루타르코스 영웅전》에도 카르타고를 부정적으로 묘사하는 일화가
등장한다. 그리스 장군 티몰레온Timoleon의 속임수에 넘어간 카르타고인
이 투덜대자, 이를 본 그리스인이 크게 비웃었다는 것이다. 그리스에서는
오래전부터 페니키아인의 거짓말과 속임수에 대한 명성이 자자했는데,
그 후손인 카르타고인이 그리스인에게 속았다고 투덜거리는 모습이 우스

지도에서 사라진 도시들

〈디도의 카르타고 건국〉. 튀니지에 마련한 새 터전에 디도는 '카르트 하다시트(새로운 도시)'라는 이름을 붙였다.(조지프 말로드 윌리엄 터너의 그림, 1815년 작품)

꽝스러웠기 때문이라고 한다. 같은 책에는 이런 이야기도 등장한다. 시칠리아섬에 사는 그리스인들끼리 섬 내부의 도시 시라쿠사를 둘러싸고 다툼이 일어나자 누군가가 카르타고인에게 도움을 요청했다. 그러자 이를 지켜보던 군인 하나가 "당신들은 비열하고 잔인한 카르타고인에게 저렇게 아름다운 도시를 헌납하려고 싸우고 있소?"라며 꾸짖었다는 것이다.

지중해 최고의
부국이 되다

다만 이런 이야기들은 어디까지나 당대 그리스인의 통념일 뿐이다. 재미있는 것은 정작 그리스인도 주변 민족에게 계략과 돈밖에 모르는 천박한 종족이라고 욕을 먹었다는 사실이다. 그리스 남부 크레타섬에서는 '우리 크레타 사람들은 모두 거짓말쟁이다'라는 자조가 나돌았다. 트로이 전쟁의 영웅 오디세우스도 잔꾀로 명성이 자자한 인물이었다.

　카르타고인에게 이런저런 부정적 딱지가 붙은 이유는 간단했다. 그것은 고대 지중해 세계에서 견줄 데 없이 번영하던 카르타고의 경제력에 대한 질투였다. 페니키아인의 후손답게 카르타고는 지중해 곳곳을 누비는 중계무역으로 막대한 부를 쌓았다. 북아프리카에서 생산되는 상아와 표범 가죽, 스페인의 은, 이집트의 향수, 그리고 페니키아의 도시국가 티레Tyre에서 생산되는 염료인 티리언 퍼플 같은 진귀한 상품을 사고팔기 위해서는 반드시 카르타고 상인을 거쳐야 했다.

당시 카르타고의 풍요를 실감케 하는 일화 하나를 소개한다. 1969년 시칠리아 근해에서 고대 카르타고의 선박이 발견된 적이 있었다. 그런데 이 배를 조사한 결과 선원들에게 소·말·염소·돼지고기는 물론 올리브·호두·과일 등의 굉장히 호화로운 식재료가 제공되었다는 사실이 밝혀졌다. 2000년 뒤인 18세기 최대 해상무역 국가라 할 영국이 선원들에게 제공한 식사는 기껏해야 소금에 절인 소고기와 딱딱한 비스킷이었다. 이 때문에 항해에 나설 때마다 수많은 이들이 영양실조나 괴혈병에 시달리며 죽어나갔던 것과 비교하면 카르타고의 선원들이 얼마나 인간다운 삶을 누렸는지 짐작할 만하다.

해상무역뿐만이 아니었다. 풍족한 농업 생산량 역시 카르타고 경제력의 또 다른 원천이었다. 아무리 무역으로 쌓은 부가 크다고 해도, 사람들을 제대로 먹여 살리지 못하는 사회는 번영할 수 없다. 같은 무역 강국이었음에도 식량을 수입에 의존한 아테네와 달리 카르타고는 식량 자급이 가능했다. 물론 이는 당시 북아프리카의 기후와 토양—오늘날과 달리 사막화가 본격화하지 않은 초원 지대—덕분이기도 했다. 이를 바탕으로 카르타고는 일찍부터 관개시설을 정비해 땅을 비옥하게 만들고, 그 위에다 양배추·석류·완두콩·무화과·올리브·아몬드·대추야자·포도 등을 가꾸었다. 카르타고에서 생산되는 농작물들은 맛과 품질에서 매우 뛰어났는데, 특히 석류는 적대국 로마에까지 유명세를 떨쳤다. 로마 정치인 카토Mar-

카르타고의 항구와
시가지 상상도.(튀니스
카르타고 박물관 소장)

원형으로 된 이중항구는
카르타고의 상징이었다.
오늘날 튀니지의 카르타고
항구에도 그 흔적이 남아
있다.

비르사 언덕의 유적. 카르타고 도심이자 주거지로 추정된다.

cus Porcius Cato는 카르타고산 석류를 들고 원로원에 가서 "이렇게 먹음직한 과일을 생산하는 카르타고가 로마에서 사흘이면 닿을 거리에 있습니다. 카르타고를 반드시 멸망시켜야 합니다!"라고 외칠 정도였다.

로마의 정치가 카토. 그는 "카르타고는 반드시 멸망시켜야 합니다Ceterum censeo Carthaginem esse delendam"라는 말을 입버릇처럼 달고 살았다.

무역으로 쌓은 막대한 부에 풍부한 농업 생산까지 겹쳐 최전성기 카르타고의 인구는 70만에 달했다. 지금의 눈으로 보면 중소 도시에 불과한 규모지만, 기원전 200년에는 명실상부한 세계 최대 도시였다. 인구밀도가 높아지면서 도시 곳곳에 비좁은 골목길이 만들어졌고, 많은 사람들이 거주하기 위해서 요즘의 아파트를 연상케 하는 7층짜리 건물도 들어섰다.

카르타고 대 로마, 100년의 라이벌

기원전 264년부터 기원전 146년까지 118년간 카르타고와 로마는 명운을 건 세기의 전쟁을 벌인다. 포에니 전쟁으로 명명된 세 차례의 대전은 모두 로마의 승리로 끝났고, 카르타고는 막대한 배상금과 함께 지중해의 패권을 내주며 몰락하게 된다. 세계 최고의 경제력을 자랑하던 카르타고

카르타고 _ 그리스와 로마가 질투한 도시

가 로마에 패한 까닭은 무엇일까?

무엇보다 카르타고는 시민개병제보다는 외국인을 군인으로 고용하는 용병제를 선호했다. 이는 자국 시민들의 생명을 보호하기 위한 조치였으나, 외국인 용병에게는 애국심을 기대할 수 없다는 약점이 있었다. 물론 시민들로 구성된 '신성 기병대'가 별도로 존재했으나, 이 부대는 병력이 1000명가량으로 최대 70만 명까지 동원할 수 있는 로마군에 비하면 보잘 것없는 전력이었다. 요컨대 용병 중심의 카르타고군은 시민병으로 구성된 로마군보다 병력과 애국심 양쪽에서 열세였던 셈이다.

또한 카르타고는 해상무역으로 성장한 도시국가로, 시민이든 군대 지휘관을 맡은 귀족이든 전쟁을 꺼렸다. 반면 로마는 주변국과 전쟁을 통해 성장한 도시국가이다 보니 사회 전반에 호전적인 기질이 가득했다. 또 카르타고는 전쟁에 패한 지휘관에게 엄격히 책임을 물었지만, 로마 시민들은 패장에게도 이를 만회할 기회를 주고 계속 군사비를 댈 만큼 관용적이었다. 그 밖에도 카르타고는 무역 세력과 농업 세력 간의 파벌 다툼으로 국론 통일이 어려웠던 점, 그간 카르타고의 눈부신 번영을 시샘한 주변국들이 원병을 망설인 점 또한 중요한 변수로 작용했고, 결국 기원전 146년 도시가 로마에 함락당함으로써 도시국가 카르타고는 세계지도에서 사라지게 된다.

한편 포에니 전쟁의 결말과 관련해 《먼나라 이웃나라》 같은 학습서적들에서는 카르타고의 용맹에 탄복한 로마인이 남은 생존자들을 배려해

카르타고의 부를 상징했던 세켈 은화. 도안의 주인공은 카르타고의 장군 하밀카르 바르카Hamilcar Barca로, 역사상 가장 유명한 군인 가운데 하나인 한니발 바르카의 아버지이기도 하다.

평화로운 이주를 허락했다는 일화가 소개된다. 그러나 이는 사실이 아니다. 여러 차례 강조하는 내용이지만, 고대 세계에서 벌어진 전쟁과 약탈은 굉장히 잔인했다. 로마군이라고 다를 건 없었다. 2차 포에니 전쟁(기원전 218-201)에서 카르타고의 편에 선 시라쿠사를 점령한 로마 장군 마르켈루스Marcus Claudius Marcellus는 곧 시작될 병사들의 약탈에 도시가 쑥대밭이 될 것을 예감하고서 슬프게 울었다고 한다. 약탈이 얼마나 잔인했으면 자국 지휘관이 눈물을 흘릴 정도였을까?

또한 로마와 폰투스(오늘날 터키 북부) 왕국 간의 전쟁에서, 로마군이 아미수스 시를 함락시키자 아미수스군은 도시에 불을 지르고 달아났다. 로마군 지휘관 루쿨루스Lucius Licinius Lucullus는 불을 끄라는 지시를 내렸지만 어느 누구도 그의 명령을 듣지 않았다. 오히려 병사들이 약탈을 위해

카르타고 _ 그리스와 로마가 질투한 도시

카르타고를 공격하는 로마군.(에드워드 포인터의 그림, 1868년 작품)

불을 키우는 바람에 도시는 잿더미로 변했다고 한다.

　이럴진대 100년 넘게 전쟁과 반목을 이어온 카르타고에 자비가 남아 있을 리 없었다. 3년에 걸친 포위전 끝에 기어이 카르타고를 함락시킨 로마군은 성인 남성은 남김없이 학살하고 여자와 아이는 노예로 팔았다. 도시 전체를 철저하게 파괴해버린 것은 물론이다. 무려 17일간 불태운 폐허 위에다 소금을 뿌리며 도시가 다시는 재건되지 못할 것이라는 저주까지 내릴 만큼, 카르타고에 대한 로마인의 증오는 크고 깊었다.

로마가 재건하고
이슬람 제국이 다시 파괴하다

얄궂게도 카르타고를 그토록 저주했던 로마인은 자기 손으로 카르타고를 재건하게 된다. 폐허로 내버려두기에는 카르타고의 지정학적 매력이 아까웠기 때문이다. 지중해 한복판의 카르타고만큼 절묘한 무역 거점은 찾아보기 어려웠다. 농업에 적합한 기후와 비옥한 토지도 그대로였다.

　결국 포에니 전쟁이 끝나고 약 100년 만에 율리우스 카이사르가 카르타고 복원 계획을 발표한다. 이 사업은 카이사르가 암살당하면서 중지되었으나, 그의 후계자인 아우구스투스(재위 기원전 27–서기 14)에 의해 실현된다. 로마에 몰락한 카르타고가 로마 제국의 이름으로 다시 부활한 것이다. 이후 카르타고는 로마와 이집트의 알렉산드리아 정도를 제외하면 로

고대 카르타고의 위성도시였던 튀니스 전경. 북아프리카 일대가 이슬람 제국의
영토로 편입된 8세기 이후 두 도시의 위상은 역전되었다.

마 제국에서도 견줄 데 없는 화려한 대도시로 손꼽히며 400년간 제2의
부흥을 구가하게 된다.

　로마의 대도시 카르타고의 고난은 로마 제국의 분열과 함께 다시 시작
되었다. 서기 395년, 카르타고는 서로마 제국으로 편입된다. 439년에는
멀리 지금의 폴란드에서 남하한 반달족이 카르타고를 점령한다. 534년에
는 동로마 제국의 장군 벨리사리우스Flavius Belisarius가 반달 왕국을 멸망
시키면서 카르타고는 다시 제국의 영토로 편입된다. 주목할 점은 7세기경
페르시아 사산 왕조의 공격에 시달리던 동로마 황제 이라클리오스Flavius

Heraclius가 카르타고로의 천도를 시도했다는 것이다. 비록 동로마의 수도였던 콘스탄티노플(이스탄불) 시민의 반대로 중단되었지만, 이는 카르타고가 동로마 제국 시기에도 각광받는 대도시였음을 알려주는 기록이다.

그렇게 1500년 역사를 자랑하던 도시 카르타고 최후의 날은 698년에 찾아왔다. 동쪽 아라비아 반도에서 일어난 이슬람 제국군이 들이닥친 것이다. 파죽지세로 카르타고를 함락시킨 이들은 주요 시설물을 해체·파괴한 다음 인근에 위치한 튀니스에 새로운 거점을 건설했다. 이슬람 제국의 카르타고 파괴는 동로마 제국이 도시를 탈환할 여지를 없애려는 의도로 추정된다. 이후 이슬람 제국 정치·문화의 요지이자, 1956년 이후 독립국가 튀니지의 수도가 되는 튀니스 건설에 들어간 자재들 역시 카르타고의 잔해에서 충당되었다고 한다.

로마 문화와 융화되다

오늘날 카르타고는 을씨년스럽게 남아 있는 몇몇 유적들을 제외하면, 역사에 기록된 자취를 찾아보기 힘든 장소다. 이곳에서 영광을 누렸을 카르타고인도 로마군에 의해 철저하게 소멸되었기 때문에 계승할 전통이나 문화가 남아 있지도 않다.

그런데 역설적으로 카르타고는 자신을 멸망시킨 로마의 행보에 영향을 미침으로써 이후의 세계사에 제 존재감을 드러낸다. 2차 포에니 전쟁에서 한니발의 카르타고군이 이탈리아 반도를 16년 동안이나 휩쓸고 다니면서 본토의 농업이 황폐화했고, 특히 자영농이 다수 전사하는 바람에 그들의 토지가 귀족들에게 넘어갔다. 실업자나 빈민으로 전락한 로마 자영농들은 체제의 반대자로 돌아섰다. 이런 정세 변화 끝에 결국 로마는 공화정이 막을 내리고, 황제가 통치하는 제정으로 이행하게 된다.

소소한 일화로, 카르타고에서 발행된 《노예 부리기 지침서》 역시 로마에 전해졌다. 이는 글자 그대로 노예를 부리는 방법을 담은 책으로, 그 내용을 요약하자면 '노예들을 쓰러질 때까지 부리고, 굶어죽지 않을 만큼만 먹이되, 사랑과 자비로 대한다고 거짓말하라'였다. 이 책은 라틴어로 번역되어 로마의 지가紙價를 올릴 만큼 잘 팔려나갔다고 한다. 카르타고를 그토록 멸시하던 로마인이, 노예를 부리는 기술만큼은 카르타고를 모범으로 삼은 것이다.

한편, '도시국가'가 아닌, 사람들이 정주하는 공간 그 자체로서 카르타고 지역이 후세 역사에 주는 교훈도 있으니 바로 사막화에 대한 경계다. 1050년 이집트 파티마 왕조의 칼리프(이슬람 제국의 군주)는 마그레브(북아프리카) 총독이 반란을 일으키자, 이를 진압하기 위해서 힐랄Hilal과 술라임Sulaym이라는 아랍 부족들로 하여금 카르타고와 튀니스로 가서 마음껏 횡포를 부리라고 명령했다. 이에 두 부족과 함께 도시로 이주한 가축들은 인근 들판의 목초를 모조리 뜯어 먹으며 발굽으로 흙을 단단히 다졌다.

그 결과 카르타고 인근의 비옥했던 토지는 비가 내려도 흡수가 안 되

힐랄 부족을 묘사한 그림.(작자와 연대 미상)

는 땅으로 메말라갔고, 점차 기후까지 건조해지면서 오늘날 우리에게 익숙한 황량한 사막으로 변해갔다. 이후 북아프리카의 도시들은 쇠퇴일로를 걸었고, 고대 카르타고 시절의 영화도 찾아볼 수 없게 되었다. 지금도 사하라 사막은 매년 커지고 있다. 최근 들어 북아프리카 국가들이 연대해 산림녹화 프로젝트를 실행하고 있으나 사막화 현상은 나아질 기미를 보이지 않는다. 결국 일단 사막화가 시작되면 되돌리기 어렵다는 걸 카르타고의 생태적 황폐화가 생생히 보여주고 있는 것이다.

카르타고 _ 그리스와 로마가 질투한 도시

팔미라

식민 도시에서 제국의 중앙으로

팔미라 유적지는 시리아 중부에 위치한 도시 타드무르
인근에 자리 잡고 있다. 유네스코 세계유산에 등재된
명소라지만 몇 개의 대리석 기둥을 제외하면 허물어진 옛
건축물의 잔해만 나뒹굴 뿐인 폐허다. 그러나 1700년 전
이곳에는 동서양을 잇는 중계무역의 거점으로 융성하며
로마 제국과 자웅을 겨뤘던 찬란한 도시와 사람들이
존재했다.

아람인의 도시, 무역의 도시

팔미라Palmyra의 역사는 청동기 시대인 기원전 2000년 전까지 거슬러 올라간다. 그 당시 메소포타미아 지역의 통치자인 푸즈르 이슈타르Puzur-Ishtar의 이름이 이 도시의 유적에서 발견되기 때문이다. 이곳에 도시가 건설된 이유는 뛰어난 입지 덕분이었다. 이집트와 아라비아와 아시리아를 잇는 육상무역의 관문이자 캐러밴caravan(낙타를 타고 다니는 대상)들이 머무르던 숙소, 유목민들이 교역을 위해 찾던 무역 거점이 바로 팔미라였다.

그렇다면 외지인을 제외하고 팔미라에 살던 이들은 누구였을까? 기록이 부족한 대로, 기원전 11세기 아시리아의 왕 티그라트 필레세르 1세Tiglath-Pileser I가 "나는 타드무르의 아람인을 패배시켰다"고 언급한 데서 아람인이 팔미라에 거주한 사실을 유추해 볼 수 있다. 타드무르Tadmur는 팔미라의 다른 이름들 가운데 하나이기 때문이다. 아람인 또한 고대 시리아를 터전으로 상업에 주력하던 민족이다. 예수의 모어도 아람어였으며, 그가 십자가에 못 박히기 직전에 외쳤다고 전해지는 "엘리 엘리 라마 사박다니 (나의 신이여, 나의 신이여, 어찌하여 나를 버리셨습니까?)"라는 구절도 아람어였다. 아람인은 국가 단위의 공동체를 이루고 유지하는 데는 실패했지만 그들의 언어는 오랫동안 살아남아 중동 지역의 공용어 역할을 하게 된다.

무덤으로 추정되는 팔미라 유적지에서 출토된 인물 흉상 부조. (기원전 1세기경 작품, 영국 대영 박물관 소장)

식민 도시에서 도시국가로

기원전 217년 팔미라는 헬레니즘 제국의 셀레우코스 왕조에 복속된다. 이후 도시는 문화·경제적으로 크게 발전하기 시작한다. 문화적으로는 바알샤민Baalshamin·알라트Allat·헬레니즘의 신전이 건립되었다. 바알샤민은 고대 시리아에서 숭배한 하늘과 풍요의 신 바알을 가리키며, 알라트는

팔미라 삼신상. 가운데가 하늘의 신이자 최고신
바알샤민이다. 바알샤민 좌우는 달의 신 아글리볼과
태양의 신 말라크벨이다. 조각된 신들이 모두 로마 군복
차림이라는 점에서 제작 연대는 물론 당시 팔미라인이
로마의 문화권에 속했음을 짐작케 한다.
(1세기경 작품, 프랑스 루브르 박물관 소장)

팔미라 유적에서 출토된 알라트 여신상. 이슬람교가
대두하기 전까지 아랍인은 알라트를 숭배했다.
(팔미라 고고학 박물관 소장)

팔미라의 시가지 유적.
이 그리스식 풍경은 팔미라에 스며든
헬레니즘 문화의 색채를 드러낸다.

아랍인이 숭배한 지혜와 사랑의 여신이었고, 헬레니즘 사원은 그리스의 신들을 섬기는 건축물이었다. 이는 팔미라에 다양한 종교가 전래되었으며, 시민들 역시 외부 문화를 적극적으로 수용했음을 보여준다.

한편 고대 팔미라가 동서 중계무역에 얼마나 기여했는지 보여주는 사례가 하나 있다. 고대 인도를 통일한 마우리아 왕조의 아소카 대왕Ashoka the Great(재위 기원전 269-232)이 아프가니스탄 래그먼 지역에 세운 아람어 비문Laghman I inscription에 타드무르(팔미라)의 약자인 'Tdmr'이라는 명칭이 언급되는데, 타드무르에서 인도까지의 거리가 함께 기록되어 있다. 팔미라에서 아득하게 떨어진 인도의 군주가 그 이름을 알고 양측 간 거리를 따로 기록하게 했을 만큼, 팔미라는 무역의 거점으로 유명했던 것이다.

기원전 63년 로마가 셀레우코스 왕조를 멸망시켰지만, 팔미라는 50년 뒤 로마에게 직접 정복될 때까지 독립 도시로 남았다. 또한 로마에 복속된 이후에도 정치적 의사 결정을 도시 내부의 평의회가 주관하는 등 폭넓은 자치권을 누렸다. 평의회 제도는 고대 그리스의 폴리스(도시국가) 체제와 유사한 것으로 보인다. 이보다 앞선 기원전 330년 알렉산더 대왕이 페르시아를 정복하면서 중동 지역으로 이주한 그리스인이 폴리스를 세운 바 있었다. 짐작컨대 비슷한 시기 팔미라에도 이런 정치체제가 이식되지 않았을까.

그리스인 못지않게 아랍인도 팔미라에 많이들 거주했던 것으로 추측된다. 3세기 중엽 팔미라의 지배자였던 오다에나투스Odaenathus(재위

아프가니스탄에서 발견된 인도 마우리아 왕국 아소카 대왕 비문의 탁본. 인도에서 팔미르까지의 거리가 기록된 것으로 알려져 있다.

252?-267)를 가리켜 로마와 페르시아에서는 '아랍인의 왕'이라고 칭했기 때문이다. 이보다 앞선 2세기 후반에 팔미라에 알라트 사원이 건립된 것을 보면 후대로 가면서 팔미라에 아랍 출신들이 늘어났다고도 볼 수 있겠다.

팔미라의 성장세는 가팔랐다. 1세기 무렵 도시 성벽 둘레는 더욱 넓어졌다. 그만큼 규모가 커지고 상주인구와 방문하는 상인의 수가 늘어난 것이다. 또한 서기 32년에는 벨 사원Temple of Bel이 건설되었다. 이 사원은 그리스의 제우스와 시리아의 바알Baal이 합쳐진 신인 벨을 섬기는 신전이다. 106년에는 아랍 계통의 나바테아 왕국(현재 요르단)이 로마 제국에게 정복당하면서, 아라비아 반도 남부의 무역로가 나바테아의 수도 페트라

팔미라 _ 식민 도시에서 제국의 중앙으로

에서 팔미라로 옮겨왔다. 중계무역의 거점 팔미라의 명성이 정점에 올라선 순간이었다.

자유로운 도시국가에서 왕국으로

그러던 224년, 페르시아 사산 왕조가 등장하면서 정세가 급변한다. 사산 왕조는 500년 전 중동을 지배했던 페르시아 아케메네스 왕조의 후계를 자처하며 옛 조상의 땅인 지중해 동부를 점령하기 위해 전쟁을 일으켰다. 그 여파로 일대의 육상 교역로가 불안해졌고, 무역 국가 팔미라는 적잖은 타격을 입게 된다.

한편 로마-사산 왕조 간의 분쟁은 팔미라의 권력 구도도 바꿔놓는다. 무엇보다 기존의 평의회보다 군부의 권력이 강해진다. 이러한 경향은 갈수록 짙어져서 252년 로마군 기병대장 출신이었던 오다에나투스가 군주 자리에 오르게 된다. 팔미라의 정체政體가 자유로운 도시국가에서 군주정으로 변모한 것이다. 이런 변화는 본래 공화정이었던 로마의 정치체제가 전쟁통에 군부의 권력이 강해지고 최고 지휘관들이 독재 권력을 쥐면서 제정으로 이행한 것과 유사하다.

팔미라에 본격적인 위기가 찾아온 것은 260년의 일이다. 터키 에데사 Edessa에서 벌어진 전투에서 사산 왕조의 군대가 로마 황제 발레리아누

벨 사원. 위쪽은 사원의 정문이다. 이 사원은 로마의 침공에 수난을 당하면서도 비교적 온전한 형태를 유지하며 2000년을 버텨왔지만, 2015년 시리아 내전 와중에 이곳을 점령한 ISIS(이라크 레반트 이슬람 국가)의 손에 크게 파괴되고 만다.

스Valerianus를 사로잡는 대승을 거두면서, 로마의 중동 패권이 한순간에 허물어진 것이다. 시국을 위태롭게 지켜보던 오다에나투스는 사산 왕조의 샤푸르 1세Shapur I에게 교역 거점으로서 팔미라의 안전과 이익을 보장해달라는 내용으로 짐작되는 서신과 선물을 보낸다. 하지만 서신을 받아본 샤푸르 1세는 크게 화를 내며 함께 보내온 선물들을 모두 강물에 던져버리게 했다. 아마도 세계 최강국 로마의 황제를 사로잡을 만큼 완벽한 승리를 거둠으로써 자신감이 하늘을 찌르던 상황에서, 일개 도시국가의 군주가 자신을 상대로 정치적 거래를 시도하는 모습이 건방지게 느껴졌으리라.

팔미라의 초대 군주 오다에나투스. '승리의 왕, 왕 중의 왕'이라는 찬사를 받은 그의 재임기에 팔미라는 로마에 비견할 만한 강력한 국가로 거듭난다.

외교적 방안이 실패로 돌아가자 오다에나투스는 지체 없이 무력을 택한다. 그는 소규모 기동부대로 페르시아군의 후방을 공격해 보급로를 차단하는 게릴라전을 벌였다. 이 작전에 당황한 샤푸르 1세는 진격을 멈추고 사산 왕조의 수도 크테시폰으로 철수하게 된다. 이 공로로 오다에나투스는 로마의 새 황제 갈리에누스Gallienus로부터 시리아·메소포타미아·아라비아 및 아나톨리아 등 제국 동부의 통치권을 위임받는다. 그러면서 중동에서 팔미라는 일약 로마를 대신하는 위상을 차지하게 된다.

262년, 오다에나투스는 사산 왕조가 접수했던 로마의 도시들—니시비스Nisibis와 카르해Carrhae—을 되찾고, 크테시폰까지 쳐들어가며 맹위를 떨쳤다. 그 여세를 몰아 샤푸르 1세가 차지했던 모든 로마 영토를 수복하는 데 성공함으로써, 오다에나투스는 '승리의 왕, 왕 중의 왕'이라는 찬사를 듣게 된다.

여왕 제노비아

267년, 오다에나투스 사후 팔미라의 권력은 그의 아내 제노비아Zenobia에게 넘어갔다. 한 번도 왕위에 오른 적은 없지만 '여왕 제노비아'로 불린 그녀는 아들 바발라투스Vaballathus의 섭정으로서 도시왕국 팔미라를 거대 제국으로 이끈 인물이었다. 영국 역사가 에드워드 기번Edward Gibbon의 《로마 제국 쇠망사》에 따르면, 제노비아는 검은 피부에 진주처럼 하얀 치아와 크고 검은색의 눈동자를 지녔으며, 무엇보다 매력적인 목소리의 소유자였다고 한다. 또한 그녀는 당대 지식인의 언어인 그리스어를 자유자재로 구사할뿐더러 시리아어와 이집트어, 라틴어에도 능통할 만큼 교양이 풍부했다. 그러면서도 맹수 사냥을 즐기고 병사들과 함께 수 킬로미터씩 도보 행군을 할 만큼 강인한 여장부이기도 했다.

제노비아는 오다에나투스보다도 모든 면에서 뛰어난 인물이었다. 그

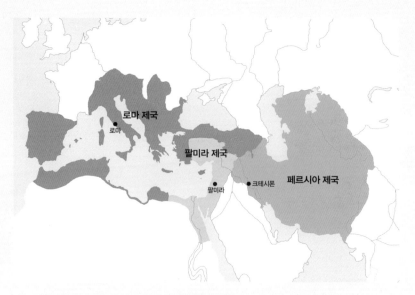

271년경 팔미라 제국의 영토. 로마 제국과 페르시아 사산 왕조 사이에서
북아프리카와 서아시아의 맹주로 자리매김했다.

로마와 팔미라의 동전. 동시대 각 나라의 황제였던 아우렐리아누스(왼쪽)와
바발라투스의 초상을 도안으로 삼았다. 팔미라 제국은 인물 구도를 포함한 화폐
도안을 로마의 것과 똑같이 제작함으로써 양국의 위상을 동일시하고자 했다.

녀는 팔미라가 속국에서 벗어나 로마와 대등한 강대국이 되기를 꿈꿨다. 이런 바람은 적극적인 정복 전쟁으로 이어져, 270년에 팔미라는 로마의 주요 곡창지인 이집트를 점령하게 된다. 이집트 정복에 크게 고무된 제노비아는 자신을 로마에 맞선 이집트 여왕 클레오파트라의 후손이라고 선언했다. 이어 이듬해에는 아나톨리아로 진격해 앙카라를 점령했고, 마침내 팔미라는 로마의 동부 대부분을 직접 지배하는 제국으로 거듭난다. 이후 로마 황제 갈리에누스가 보낸 헤라클리안Heraclian의 반격마저 격퇴함으로써 제노비아와 팔미라의 기세는 하늘을 찌르게 된다.

로마군을 물리쳤다는 자신감의 발로였을까. 272년에 제노비아는 독자적으로 화폐(동전)까지 발행한다. 2종으로 발행된 이 동전의 앞면에는 바발라투스와 제노비아의 얼굴이 새겨졌고, 뒤에는 각각 로마 황제-여제를 가리키는 아우구스투스-아우구스타의 칭호가 표기되었다. 사실 이 당시 로마 제국은 극심한 혼란기였다. 당장 황제가 포로로 잡힌 데다가, 브리튼(영국)과 갈리아(프랑스)와 히스파니아(스페인) 일대가 '갈리아 제국'으로 떨어져 나갔고, 이를 막아야 할 장군들은 저마다 황제를 참칭하며 내전을 벌이고 있었다. 따라서 동전 주조를 비롯한 제노비아의 과감한 행보에는 이런 정세에서 오는 자신감이 숨어 있었던 셈이다.

로마와의 갈등이 고조되면서, 제노비아는 중계무역으로 쌓은 막대한 부를 군비에 투자한다. 팔미라의 군대는 당대 로마인에게 공포의 대상이었던 페르시아군을 모델로 삼았다. 주력 부대는 사람과 말이 모두 두꺼운

팔미라 기병의 부조. 표범을 사냥하고 있다.

갑옷을 착용하고 3m가 넘는 장창으로 무장한 기병대 클리바나리Clibana-rii였다. 여기에 로마군 궁병대로 명성을 떨치던 시리아 궁병이 합류함으로써 팔미라군은 호랑이에 날개를 단 격이 되었다.

　이런 팔미라의 군비 증강에는, 자국과 페르시아 사이에 자리 잡은 팔미라에 관대할 수밖에 없었던 로마의 입장이 작용했을 것이다. 오늘날의 정세에 빗대자면, 중국의 태평양 진출 길목에 존재하는 일본의 재무장을 미국이 일부 허용하는 것과 비슷하다고 볼 수 있겠다. 그러나 팔미라와 제노비아가 간과한 게 있었다. 로마인은 자신들을 위협하는 신흥강국을 절대 두고 보지 않는다는 점이었다.

폐허로 남은 여왕의 꿈

제노비아의 위세가 절정에 이른 272년, 기병대 장교 출신의 새로운 로마 황제 아우렐리아누스Aurelianus(재위 270-275)가 직접 7만 대군을 이끌고 팔미라 원정에 나섰다. 로마군과 팔미라군은 임마Immae(터키 남부)와 에메사Emesa(시리아 서부)에서 일대 격전을 치른다. 두 전투에서 팔미라군의 주력으로 나선 중무장 클리바나리 부대는 로마군을 단숨에 쓸어버릴 듯한 위압감을 풍기며 출병했고, 후방에선 시리아 궁병대가 이들을 철통같이 엄호할 기세였다. 그러나 언제나 그렇듯 실전은 예상과 다르게 흘러가기 마련이다.

　팔미라군이 처음 대면한 로마군은 갑옷을 최소화한 경무장 기병 부대였다. 그런데 이들은 돌격해오는 클리바나리 부대와 일합도 겨루지 않고 그대로 달아났다. 이를 추격하던 클리바나리 부대는 매복해 있던 로마군의 주력인 군단병(중무장 보병)들과 마주쳤다. 갑자기 나타난 로마 군단병들은 미리 준비해둔 곤봉으로 클리바나리 병사들이 타고 있던 말의 앞다리를 힘껏 때렸다. 놀란 말들의 몸부림에 많은 병사들이 낙마하자, 로마

군단병들은 재빨리 칼을 빼들어 갑옷의 빈틈을 노리고 찔러댔다. 이 전술에 팔미라가 자랑하던 클리바나리 부대가 순식간에 전멸했고, 별다른 보호구가 없던 시리아 궁병대 역시 속수무책으로 죽어 나갔다.

두 차례의 전투에서 대패함으로써 팔미라군의 주력은 사실상 소멸했다. 남은 병력은 도시를 방어하는 소수의 수비대가 전부였다. 아우렐리아누스가 이끄는 로마군 본대는 여세를 몰아 팔미라를 포위한다. 이때까지도 제노비아는 당황한 기색 없이 로마군의 공세에 맞섰다. 제노비아에게는 나름대로 믿는 구석이 있었다. 우선 로마군의 보급에 어려움이 생기리라 보았다. 팔미라는 로마에서 멀리 떨어진 데다가 사막으로 둘러싸여 있기 때문이었다. 무엇보다 제노비아는 팔미라가 이대로 무너진다면 순망치한을 겪을 사산 왕조의 원군을 기대하고 있었다.

그러나 제노비아의 바람은 모두 빗나간다. 아우렐리아누스가 보낸 로마군 분견대가 이집트를 손쉽게 탈환하면서 식량 확보는 물론 보급로가 간소화된 것이다. 반면 사산 왕조는 팔미라가 절체절명에 몰리는 걸 보면서도 좀처럼 나서지 않았다. 뒤늦게 소규모의 병력을 보내지만, 그마저도 로마군에게 진격이 막히자 곧바로 퇴각하고 만다. 사산 왕조는 왜 그렇게 소극적인 태도로 일관했을까? 270년 샤푸르 1세 사후 벌어진 권력 다툼으로 나라 바깥의 전쟁에 신경 쓸 형편이 못 되었다고 보는 것이 정설이지만, 개인적 견해는 조금 다르다. 사산 왕조는 처음부터 팔미라를 도울 생각이 없었다고 본다. 팔미라는 수십 년 전부터 자신들과 전쟁을 거

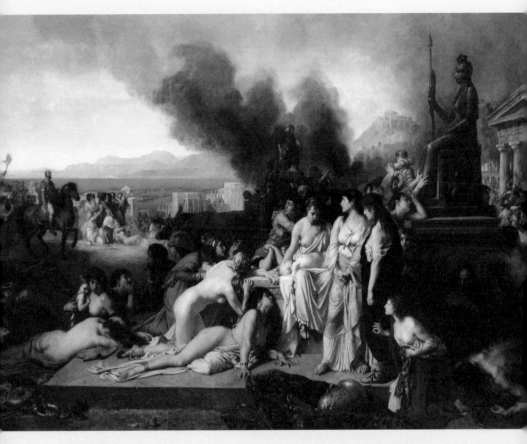

서기 146년 로마군의 그리스 코린토스 약탈을 묘사한 〈코린토스 최후의 날〉(토니
로베르 플루리의 그림, 1870년 작품). 고대 지중해 세계의 무역부국 코린토스는 로마에
반역했다는 죄로 도시가 파괴당하고 전 주민이 노예로 팔려가는 신세가 되었다. 100년
뒤에 벌어진 로마군의 팔미라 약탈 역시 비슷한 풍경이었을 것이다.

듭했던 적대국이었다. 당장은 로마와 싸우고 있다지만, 언제든 태도를 바꿔 로마와 함께 자국을 공격할 수 있는 나라이기도 했다. 그렇다면 차라리 장기전으로 가서 로마와 팔미라 양국의 군사력이 소모되는 편이 낫다고 여겼을 수도 있다. 요컨대 선뜻 원군을 보내기에는 팔미라에 대한 사산 왕조의 불신이 너무 컸던 것이다.

팔미라를 포위한 로마군은 도시로 들어가는 물과 식량의 보급선을 끊어놓았다. 이제 물자난에 시달리는 쪽은 로마가 아니라 팔미라였다. 제노비아는 홀로 낙타에 올라 탈출을 시도했지만 로마군의 추격에 이내 붙잡히고 만다. 가뜩이나 흉흉하던 민심에 여왕마저 포로로 잡히자 팔미라인은 전의를 잃었다. 273년, 마침내 팔미라는 로마군에게 함락된다. 아우렐리아누스는 짐짓 자비를 베풀어, 제노비아를 살려주는 대신 그녀를 보좌하던 10명의 대신들을 처형했다. 여왕을 포로로 잡은 로마군은 팔미라에 600명의 병력만 남겨둔 채 귀환한다.

그런데 얼마 후, 팔미라 시민들이 폭동을 일으켜 남아 있던 로마군을 모두 참살하는 사건이 벌어진다. 아우렐리아누스는 급히 본대를 이끌고 돌아와서 또 한 번 팔미라를 함락시켰고, 이번에는 도시 전체에 대한 약탈을 허용했다. 무자비한 학살과 파괴와 노략질이 벌어졌다. 팔미라인은 눈에 띄는 족족 죽임을 당했고, 신성함의 상징이던 신전들도 훼손되었다. 사제들조차 학살을 피하지 못했고, 신전의 보물들은 남김없이 털렸다. 아우렐리아누스는 팔미라의 전리품들로 자신이 숭배했던 로마의 '무적의

시리아 500파운드 지폐.

태양신Sol Invictus' 사원을 장식했다. 로마군의 파괴가 어찌나 철저했는지, 팔미라의 건축물들은 몇 개의 대리석 기둥만 남은 채 모조리 부서졌고, 도시는 하루아침에 작은 마을로 쪼그라들었다고 한다.

로마로 끌려간 제노비아는 로마군 개선식의 구경거리가 되었다. 그녀의 여생에 대한 기록은 명확하지 않다. 로마로 끌려간 직후 죽임을 당했다거나, 반대로 로마 남부의 별장에서 비교적 편안하게 살았다는 식의 풍문만 전해질 뿐이다. 제노비아는, 비록 패배로 끝나긴 했지만 고대 세계의 패권국인 로마와 대등하게 맞선 팔미라의 여왕으로 기억된다. 특히 팔미라의 정신적 후손인 시리아인에게는 민족 영웅으로 추앙받고 있다. 그 인기를 증명하듯 시리아의 고액권에 해당하는 500파운드 지폐에는 제노비아의 초상이 들어가 있다.

팔미라 _ 식민 도시에서 제국의 중앙으로

중동의 종교 판도를 바꾸다

한편 팔미라의 멸망은 중동의 주요 종교
였던 바알Baal 신앙의 운명을 바꿔놓게
된다. 지금은 그 흔적조차 찾아보기 힘들
지만, 기원전 14세기 시리아 북부에서 시
작된 바알 신앙은 이후 1600년간 중동
전역에서 강력한 교세를 떨쳤다. 바알은
고대 가나안어로 '주인' '남편'이라는 뜻
이다. 가나안 신화에서 바알은 비와 풍요
의 신이었다. 농경사회에서 비만큼 중요
한 것도 없으니, 바알은 곧 최고신이기도
했다.

시리아 우가리트
유적지에서 출토된 바알의
부조. 《구약성경》에서의
바알은 마귀로 묘사되지만,
실제 중동에서는 수천 년간
숭배받던 풍요의 신이었다.

　　바알 신앙을 가장 상세하게 다루고 있
는 현존 사료는 유대교의 경전 《구약성
경》이다. 야훼 이외의 신에 대한 유대인
의 유난한 적개심을 생각하면 아이러니
한 일이지만, 달리 보면 그만큼 바알 신앙
이 초기 유대교의 강력한 경쟁자였다는
뜻일 것이다. 실제로 《구약성경》에는 바알 신앙에 호의적이거나 심지어 바알을 야훼와 동일시하는 유대인의 모습과, 이를 경계하고 경고하는 야훼와 예언자들의 절규가 끊임없이 등장한다.

　바알 신앙은 유대교와 중동 바깥으로도 퍼져나갔다. 북아프리카의 고대 카르타고에서는 바알 신앙이 주류 종교였다. 특히 로마인을 공포에 떨게 만들었던 한니발Hannibal Barca은 그 이름부터 '바알baal의 은총hann을 받는 자'라는 뜻일 만큼, 바알의 신실한 숭배자였다. 그렇지만 바알 신앙의 본산은 어디까지나 시리아 지방, 그중에서도 팔미라였다. 앞서 언급한 대로 팔미라에는 바알샤민 신전과 벨 신전이라는 거대한 사원이 존재했다. 로마군이 이 신전들을 파괴함으로써 바알 신앙의 명맥도 함께 끊어진 셈이다.

　팔미라가 파괴되고 30년 후에 그 인근에 작은 마을이 들어서는데, 바로 오늘날 시리아의 타드무르다. 그런데 이곳 주민은 모두 기독교를 믿었다. 제노비아 치세만 해도 팔미라인은 거의 대부분 바알을 섬겼고 기독교인의 숫자는 미미했다. 유일신 신앙인 데다가《성경》에서조차 바알을 사악한 악마로 묘사하는 기독교를 팔미라인으로서는 받아들일 수 없었던 것이다. 결국 바알 신앙이 팔미라와 운명을 함께함으로써, 중동 지역에서 기독교 신앙이 뿌리내릴 공간이 마련되었다고 볼 수 있다.

신의 도시,
인간의 도시

아틀란트
▼

II 신화 속 도시의 진실을 찾아서

트로이
▼

▼예리코
▼소돔

아틀란티스

인류를 사로잡은 철학자의 위대한 상상

바다에 가라앉은 신비의 도시 아틀란티스는 어디에
있었을까? 과연 실제로 존재했던 것일까? 위대한
철학자 플라톤이 아틀란티스를 이야기한 진짜 목적은
무엇이었을까? 수천 년간 인류가 이 도시를 그토록 찾아
헤맨 까닭은 무엇일까?

플라톤의 입에서 시작된 전설

아틀란티스Atlantis는 '찬란한 번영을 누리다가 하루아침에 사라져버린 신비로운 고대 도시'의 대명사다. 아틀란티스는 허구로 취급받지 않고 오랜 세월 진지한 연구와 발굴의 대상이 되어 왔다. 그건 이 도시의 존재를 최초로 발설한 인물과 출처가 예사롭지 않기 때문이다. 아틀란티스는 기원전 360년, 그리스의 위대한 철학자 플라톤이 제자들과 나눈 대화를 기록한 문헌인《티마이오스》와《크리티아스》에서 처음 등장한다. 그 내용은 대략 이렇다.

플라톤의 시대로부터 9000년 전, '헤라클레스의 기둥'(현재 스페인-모로코의 지브롤터 해협) 너머의 바다 한복판에 리비아와 아시아(아나톨리아 반도, 현재의 터키)를 합친 것만큼이나 거대한 섬이 있었다. 그 섬은 바다의 신인

플라톤과 아리스토텔레스(가운데 두 사람).
라파엘로의 그림 〈아테네 학당〉(1511)의 일부분.

포세이돈과 인간 여성 클레이토 사이에서 태어난 10명의 자녀들이 다스리는 나라로, 그중 장남 아틀라스Atlas의 이름을 따서 아틀란티스라고 불렸다.

아틀란티스에서는 신비의 금속 오레이칼코스Orichalcos를 비롯하여 금은과 주석 등 여러 광물들이 풍부하게 생산되었다. 따뜻한 물과 차가운 물이 모두 넉넉하게 존재했고 숲이 우거져서 다양한 동물들이 서식할 수 있었다. 그리스 본토에서 볼 수 없는 코끼리도 아틀란티스에서는 흔히 구경할 수 있었다. 이뿐만 아니라 온갖 종류의 곡식과 채소, 과일이 생산되어 많은 인구에도 식량 걱정이 없었다.

포세이돈의 자녀들이 세운 나라인 만큼, 아틀란티스의 중심부인 아크로폴리스에는 포세이돈을 섬기는 신전이 건축되었다. 길이가 177m, 폭이 88m에 달하는 대규모 신전이었다. 신전의 꼭대기는 황금으로 장식되었고, 나머지 외장재도 모두 은으로 덮였다. 내부 천장은 상아와 금은과 오레이칼코스로 꾸몄고, 바닥과 기둥과 벽에도 모두 오레이칼코스가 사용되었다. 신전 중앙에는 여섯 마리의 날개 달린 말들이 끄는 전차에 탑승한 포세이돈 신상이 세워졌는데, 그 크기가 천장에 닿을 만큼 높고 거대했다. 포세이돈 신상 주변에는 돌고래를 탄 바다의 요정 네레이스Nereis의 신상 100개가 둘러 세워졌다.

플라톤이 묘사한 아틀란티스의 전경은 굉장히 특이하다. 도넛 모양의 동심원 세 개가 중첩된 형태로, 도시 중심부에는 포세이돈 신전이 자리 잡은 섬이 있다. 그 섬은 폭 88m 깊이 29m에 길이가 8km에 달하는 운하로 둘러싸여 있었다. 운하는 외해와 연결되어 있어 배가 아틀란티스 안팎으로 드나들 수 있었다. 그 바깥에는 도넛 모양을 한 세 개의 섬들이 운하를 둘러싸고 있었고, 그 섬들 바깥에 또 하나의 운하가 둘러쳐진 구조였다. 각 섬들은 다리로 연결되었다.

섬나라인 만큼 아틀란티스에서는 해운 수단이 중요했다. 함선이 1200척에 달했고, 이 배들을 관리할 선착장이 설치되었다. 또한 1만 대의 전차를 앞세운 100만 대군으로 리비아·이집트는 물론 유럽 대부분을 점령하고 수많은 민족을 지배해 노예로 부렸다고 전해진다.

그런데 이렇게 기세등등하던 아틀란티스의 최후는 허망했다. 마지막 정복지로 삼았던 그리스 아테네에 발을 디디기도 전에 난데없는 대지진과 화산 폭발로 도시 전체가 단 하루 만에 바다 밑으로 가라앉은 것이다. 섬 안의 시민들 또한 남김없이 수장되어 버렸다. 플라톤의 아틀란티스 이야기는 여기에서 끝난다.

플라톤은 아틀란티스가 멸망한 원인을 신들의 분노로 돌렸다. 아틀란티스인은 비옥한 영토에서 생산되는 넉넉한 식량과 금은보화를 모두 가졌음에도 만족하지 못했다. 그러면서 이웃 나라들을 침략하고 노예로 삼은 잔인함과 탐욕에 포세이돈을 비롯한 신들이 진노했고, 마침내 심판이 내려졌다는 것이다.

그리스 수니온 곶의 포세이돈 신전(위). 아틀란티스의 포세이돈 신전과는 별개의
건축물이다. 아래는 고대 그리스의 항아리에 새겨진 바다의 신 포세이돈의 초상.
(기원전 5세기경 작품)

플라톤의 저작《크리티아스》에 언급된 묘사를
토대로 구현한 아틀란티스 상상도.

상상과 실존 사이

플라톤은 아틀란티스 전설이 허무맹랑한 이야기가 아님을 강조했다. 자신보다 100년 정도 앞을 살았던 그리스의 현자 솔론이 고대 이집트의 수도 사이스Sais에 방문했을 때 그곳 사제에게서 아틀란티스 이야기를 들었고, 자신은 이를 그대로 전하는 것이라는 말이었다. 그러나 이미 플라톤의 생전부터 그 진위를 놓고 논란이 분분했던 아틀란티스 이야기는, 이후로도 신대륙 발견이나 항로 개척 등의 역사적 계기가 있을 때마다 끊임없이 되살아나고 반박되며 '살아 있는 전설'로 자리매김해왔다. 먼저 아틀란티스를 만들어진 전설, 즉 상상의 산물로 보는 의견을 정리하면 이렇다.

우선 플라톤은 아틀란티스가 헤라클레스의 기둥 너머, 즉 대서양 어딘가에 있다고 언급했다. 하지만 19세기 이후 고고학·지질학 연구자들이 대서양의 지층을 여러 차례 탐사한 결과는 부정적이다. 대서양 아래 어느 곳에서도 플라톤이 묘사한 '리비아와 아시아(터키)를 합친 만큼 큰 섬'이 가라앉은 흔적은 찾을 수 없었기 때문이다. 지질학자 알프레트 베게너Alfred Wegener의 '대륙 이동설'이 사실로 입증되면서 아틀란티스 전설은 더욱더 엉터리로 취급되었다. 지구 지층이 1년에 고작 3-4cm밖에 움직이지 않는데, 그렇게 큰 섬이 어떻게 하루아침에 몽땅 침몰할 수 있단 말인가?

플라톤이 말한 아틀란티스의 실존 연대가 아테네와 스파르타 같은 그리스 도시국가 시대로부터 9000년 전이라는 것도 믿기 힘든 대목이다. 그 무렵의 인류는 아직 석기시대를 살고 있었다. 과연 동시기에 《티마이오스》나 《크리티아스》에서 묘사되는 고도 문명의 국가가 존재할 수 있었을까?

반면 아틀란티스가 실존했거나, 최소한 모티프가 된 문명이나 지역이 있으리라고 보는 의견도 만만찮다. 그에 따르면 플라톤이 묘사한 아틀란티스의 모델은 기원전 14세기 무렵까지 지중해 동부의 해상무역을 장악하며 한때 아테네를 굴복시킬 만큼 강성했다가 화산 폭발로 멸망한 크레타섬의 미노아 문명, 북대서양의 아조레스 제도, 기원전 8000년 무렵 해수면 변화로 가라앉은 영국-프랑스 사이의 도거랜드Doggerland 같은 곳들이다. 최근에는 플라톤이 묘사한 바와 같이 구리와 코끼리의 뼈가 출토되었고, 모래에서 바다 성분이 검출된 사하라 사막 서부의 유적지 '리차트 구조Richat Structure' 또한 아틀란티스의 후보지로 꼽힌다.

그러나 현재까지 이런 후보지들을 하나하나 들여다본 바로는 아틀란티스 전설이 허구라는 쪽에 무게가 실리고 있다. 아틀란티스 실존을 주장하는 이들이 가장 유력한 후보지로 꼽는 곳은 미노아 문명의 발상지 크레타섬이다. 그런데 크레타의 면적은 그리스 본토의 절반에 못 미친다. 리비아와 터키를 합친 것만큼 거대한 영토였다는 플라톤의 묘사와는 거리가 멀다. 게다가 크레타가 아테네와 대립하다 몰락한 것은 잘 알려진 역사인데, 굳이 아틀란티스라는 가상의 이름까지 붙여가며 에둘러 이야기

아메리카와 아프리카 대륙 사이에 위치한 아틀란티스 상상화(아타나시우스 키르허의
그림, 1669년 작품). 지질학이 발전하면서, 한반도 면적의 11배에 달하는 섬이
하루아침에 가라앉았다는 기록은 거꾸로 아틀란티스 전설이 허구일 가능성을 높였다.

할 필요는 없을 것이다.

포르투갈령인 아조레스 제도가 아틀란티스의 모티프라는 설의 골자
는 이렇다. 현재 시리아와 레바논을 근거지로 활동했던 고대 페니키아인
은 전 지중해를 누비는 해상무역으로 막대한 부를 축적했다. 이후 이들은
기원전 5세기경 북대서양을 항해하던 중에 아조레스 섬을 발견하고 그곳
에 도시를 건설했다. 그러나 화산 폭발로 모든 것이 잿더미로 변했고, 간
신히 고국으로 탈출한 몇몇 사람들이 자신들의 경험을 전한 것이 아틀란

지도에서 사라진 도시들

티스 전설의 유래가 되었다는 이야기다. 실제로 1749년 아조레스 제도에서 페니키아인이 숭배하던 달의 여신 아스타르테Astarte의 신상과 페니키아 화폐가 발견되기도 했다. 하지만 아조레스 제도는 아홉 개의 작은 열도로, 이 또한 플라톤이 이야기한 아틀란티스의 거대한 영토나 경제력과는 걸맞지 않은 구석이 많다.

기원전 8000년에 물속에 잠겼다는 도거랜드나 사하라 사막의 리차트 구조가 아틀란티스 전설과 관련이 있으리라는 견해 역시 신빙성이 부족하다. 역사학과 고고학이 발달한 현재에도 8000-9000년 전은 까마득히 먼 시간이다. 하물며 플라톤 시대의 그리스인은 불과 1000년 전의 역사인, 이른바 '암흑시대'에 대해서도 제대로 알지 못했다. 암흑시대란 그리스 북쪽의 도리아인이 토착 세력인 미케네 문명을 파괴하는 바람에 그 시기의 기록이 사라져서 붙여진 별칭이다. 그러다보니 미케네 시대의 건축물에 대해 후대 그리스인이 '저렇게 거대한 돌들은 키클롭스(외눈박이 거인)들이 나르고 다듬었을 것이다'라고 짐작할 만큼 과거사에 무지했다.

플라톤의 진의

그렇다면 플라톤은 과연 무슨 생각으로 아틀란티스 이야기를 전한 것일까? 이와 관련해 미국의 고고학자 존 R. 헤일John R. Hale은 독특한 의견을 제시한다. 아틀란티스는 실재한 도시가 아니라, 플라톤이 당대 아테네인에게 교훈을 주기 위해 만들어낸 가상의 장소라는 것이다. 《티마이오스》에는 솔론이 이집트의 성직자로부터 "옛날 어느 강대국이 전 유럽과 아시아를 까닭 없이 공격하자, 그대의 나라가 그 일에 종지부를 찍었다"는 말을 들었다는 기록이 등장한다. 플라톤은 이 말을 '어느 강대국=아틀란티스, 그대의 나라=아테네'로 해석했지만, 실제로 '전 유럽과 아시아를 공격한 강대국'은 페르시아의 아케메네스 왕조였다.

아케메네스 왕조는 그리스와 유럽을 정복하고자 두 차례에 걸친 페르시아 전쟁(기원전 491-449)을 일으켰으나, 모두 패하고 물러나야 했다. 페르시아의 야망을 저지한 나라는 물론 아테네였다. 다시 말해서 플라톤은 전설과 실제 역사를 조합해 새로운 이야기(아틀란티스 전설)를 만들어낸 것이다.

1200척의 함선을 내세워 바다를 지배하다가 지진과 화산 폭발로 몰락한다는 이야기는 크레타섬의 미노스 왕국(미노아 문명)의 역사에서 차용했을 법하다. 여러 겹의 동심원으로 이루어진 아틀란티스의 도시 구조는 플라톤 당대의 카르타고를, 주체할 수 없는 호화로움은 역시 사치와 방탕으로 유명했던 코린토스인의 성향을 염두에 둔 설정으로 보인다.

아틀란티스가 다른 나라들을 침략하고 사람들을 노예로 만드는 등, 현실에 만족하지 못하고 만행을 일삼다가 몰락했다는 이야기는 다분히 당시 아테네의 국제 행보를 빗댄 것이다. 아테네 역시 페르시아 전쟁에서 승리한 직후부터 패권주의를 드러내기 시작했다. 이후 주변 도시국가들을 침략하고 식민지로 삼는 등 본격적인 제국화의 길을 걸었지만, 플라톤이 살던 시기에는 주변국의 견제와 펠레폰네소스 전쟁(기원전 431-404)에서의 패배로 국운이 뚜렷하게 쇠퇴하고 있었다.

그렇다면 플라톤의 목적은 분명해진다. 그는 자신이 가진 역사 지식에 상상력을 가미해 아틀란티스 전설을 창조했고, 이 가상 도시의 운명을 반면교사로 들려준 것이다. "아테네인은 지금 누리고 있는 풍요에 만족하라. 이 이상 더 많이 차지하고 사치를 부리겠다는 욕심에 사로잡혀 아무런 피해도 주지 않는 다른 나라들을 멋대로 침략해 살육을 저지르거나 그들을 노예로 삼아서는 안 된다. 그것은 신들의 뜻을 거스르는 오만이자 죄악이다. 그러다가는 천재지변이 일어나 망할 것이다."(존 R. 헤일,《완전한 승리 바다의 지배자》) 존 헤일은 플라톤이 아테네인에게 전하고자 한 진짜 메시지는 이것이라고 본다. 근검절약으로 대표되는 아테네의 전통이 사치와 팽창의 유혹을 이겨내기를 바란 것이다.

반면교사에서 문화의 요람으로

진위를 떠나서 아틀란티스 전설은 2000년간 사람들의 마음을 사로잡았다. 그 매혹의 흔적은 인류 역사와 문화 곳곳에 남았다. 오늘날 대서양을 '애틀랜틱 오션Atlantic Ocean'이라고 부르는 연원 중 하나는 아틀란티스가 헤라클레스의 기둥이라고 알려진 지브롤터 해협 너머에 있었다는 플라

펠로폰네소스 전쟁의 전몰자를 추도하는 아테네 지도자 페리클레스(왼쪽)와 그 직후
터진 역병으로 고통받는 아테네 시민들(오른쪽). '아테네의 황금기'로 불리는 페리클레스
시대는 지중해 세계에서 아테네의 패권주의가 도드라진 시기이기도 했다. 그리고
아틀란티스는 이런 점을 우려한 플라톤이 만들어낸 일종의 반면교사가 아니었을까?
공교롭게도 승리를 눈앞에 두었던 아테네 사회는 페리클레스의 연설 직후 터진 역병으로
몰락의 길을 걷게 된다. 〈페리클레스의 추도사〉(필립 폰 폴츠의 그림, 1853년 작품),
〈아테네 역병〉(미힐 스위츠의 그림, 1652-1654년경 작품)

톤의 언급에 따른 것이다. 고대 그리스 지리학자 포세이도니오스Posido-
nius는 아틀란티스가 지브롤터 해협 너머 대서양 어딘가에 있었다는 플라
톤의 말을 철석같이 믿고 이를 자기 저작에 표기했다.

4세기의 로마 역사가 암미아누스 마르켈리누스Ammianus Marcellinus는
갈리아(지금의 프랑스)의 켈트족 성직자로부터 들은 이야기라며 이런 기록
을 남겼다. "원래 켈트족들은 아득히 먼 옛날, 먼 서쪽 바다의 섬에서 살았
는데 섬이 지진으로 바다 밑에 가라앉아서 대부분의 사람들이 죽었고, 일
부만 살아남아 갈리아로 도망쳐 왔다."

프란시스 베이컨은 1627년에 쓴 에세이에 아틀란티스가 미국 펜실베
이니아주 벤살렘Bensalem이라고 언급한 바 있다. 이 견해는 다소 엉뚱하
게 인용되어 오늘날 미국의 백인 우월주의자들은 자신들이 곧 아틀란티
스의 후손이라는 주장을 하기도 한다. 아이작 뉴턴은 1728년 아틀란티스
의 신화와 고대 왕국의 연대기를 밝히는 작업에 몰두하여 그 결과물을 논
문으로 발표하기도 했다. 미국의 소설가 로버트 앨빈 하워드Robert Ervin
Howard는 마르켈리누스가 남긴 자료를 바탕으로 아틀란티스의 생존자로
설정된 키메르족(켈트족의 조상)의 전사 코난이 펼치는 모험극《코난 사가》
(1932-1934) 시리즈를 집필했다. 이 작품은 당대의 액션 배우 아놀드 슈워
제네거가 주연을 맡은 영화 〈코난 더 바바리안〉(1982)으로 각색되어 세계
적인 인기를 끌게 된다.

애니메이션 분야에서도 아틀란티스는 단골 소재다. 한국에도 잘 알려

진《신비한 바다의 나디아》(1990)에서 악당 가고일은 아틀란티스의 후예로 그려지며, 그가 속한 조직 또한 '네오 아틀란티스'로 명명된다.《천공의 에스카플로네》(1996)는 외계 행성 가이아의 왕국들이 아틀란티스의 힘을 찾아가는 이야기다. 할리우드 영화사 디즈니에서도 아틀란티스 탐험대 이야기를 극장용 애니메이션 시리즈《아틀란티스》(2001·2003)로 제작한 바 있다.

아틀란티스 전설의 파생 작품인《코난 사가》의 만화책 표지.

줄잡아 나열한 것만 이 정도이니, 아틀란티스를 다룬 작품을 모두 모은다면 인류 예술·문화사의 한 페이지를 장식하고도 남지 않을까? 앞으로도 아틀란티스는 사람들의 호기심과 환상을 자극하며, 대중문화의 한 일가를 이루어나갈 것이다. 비록 최초 창작자의 의도를 당대와 후세 사람들이 알아차리지 못했다고 해도, 아틀란티스는 그 이름 자체로 수천 년간 인류에게 상상력과 즐거움의 원천이 된 셈이다. 이만하면 플라톤으로서도 아틀란티스를 만들어낸 보람을 느끼지 않을까?

아틀란티스_ 인류를 사로잡은 철학자의 위대한 상상

소돔

유대인이 동성애를 죄악시한 까닭

신의 노여움을 사서 멸망했다는 전설의 도시 소돔은
어디에 있었을까? 정녕 이곳은 《성경》에 기록된 대로
주민들에게 만연한 동성애 행위 때문에 천벌을 받은
것일까? 이 도시의 이야기는 현대인들의 세계관에 어떤
영향을 미쳤을까?

죄악의 도시

《구약성경》의 〈창세기〉에는 소돔 Sodom 이라는 지명이 등장한다. 타락으로 가득한 이 도시에서 울려 퍼지는 아우성 소리에 그들의 신 야훼가 진저리를 칠 지경이었다고 하는데, 그 내막은 이렇다.

어느 저녁 무렵, 신이 보낸 두 명의 천사가 소돔에 도착했다. 성문 주위에 있던 롯이라는 사람이 그들을 집으로 데려갔다. 롯은 유대인의 조상인 아브라함의 조카였다. 그는 천사들에게 누룩 없는 빵을 대접하고 있었는데, 노인과 젊은이를 포함한 소돔의 시민들이 롯의 집으로 몰려와서 소리를 질렀다. "오늘 밤 너의 집에 온 자들이 어디에 있느냐? 재미를 좀 보게 끌어내라!"

그러자 롯이 밖으로 나가 문을 닫고서 "여보시오, 제발 이런 못된 짓은

하지들 마시오. 아시다시피 나에게는 아직 남자를 모르는 딸이 둘 있소. 그 아이들을 내어줄 터이니 마음대로 하시오. 그러나 내가 모신 분들은 건드리지 마시오"라며 사정했다. 그러나 사람들은 "비켜라. 떠돌이 주제에 재판관 행세를 할 참이냐? 너부터 혼내주마"라면서 롯에게 달려들었고, 문을 부수려 했다.

그러자 두 천사들이 롯을 집 안으로 끌어들이고 문을 닫았다. 그러고는 몰려든 사람들의 눈을 잠시 멀게 하여, 그들이 문을 찾지 못하도록 만들었다. 천사들은 롯에게 "우리는 신의 명으로 이 도시를 멸망시키려고 왔다. 너는 가족을 데리고 여기를 떠나라. 결코 뒤를 돌아다보아서는 안 된다"고 당부했다.

롯은 딸들의 약혼자들에게도 함께 탈출할 것을 권했으나, 그들은 정신 나간 소리라며 비웃을 뿐이었다. 결국 롯은 아내와 두 딸들만 데리고 피난을 떠났다. 롯의 가족이 도시를 빠져나가자, 신은 하늘에서 유황불을 소돔과 고모라에 퍼부었다(소돔과 달리 지명만 언급된 고모라 역시 비슷한 추문이 일상으로 벌어졌던 것으로 보인다). 신이 만든 불지옥에 두 도시의 인간을 비롯한 모든 생명체는 순식간에 잿더미가 되고 말았다. 나중에 아브라함이 소돔과 고모라를 찾아갔을 때, 그곳에는 연기만 피어오르고 있었다고 한다. 한편 롯 일가의 피난길도 순탄치는 않았다. 롯의 아내가 천사들의 경고를 잊은 채 뒤를 돌아보다가 소금 기둥으로 변해버린 것이다.

지도에서 사라진 도시들

천사의 경고를 듣고 가족과 함께 소돔을 떠나는 롯.
(페테르 파울 루벤스의 그림, 1613-1615년경 작품)

유황 비를 맞고 죽여가는 소돔 주민들. 단테 알리게리의 《신곡》 〈지옥〉 편에 등장하는 묘사를 따른 것이다. (귀스타브 도레의 그림, 연대 미상)

불타는 소돔과 고모라.(야콥 데 베트 2세의 그림, 1680년 작품)

소돔인의 죄에 대한
두 가지 해석

천벌을 받아 마땅했다는 소돔인의 죄악이란 도대체 무엇일까? 신학계의 견해는 두 가지로 갈린다. 진보적 교단에서는 소돔 주민들의 죄는 이방인을 상대로 폭력을 휘두르려고 한 일이라고 본다. 반면 보수적 교단에서는 소돔인이 천사를 상대로 강간을 시도한 것이 죄라고 주장한다. 〈창세기〉의 저자가 아닌 이상 누구도 섣불리 단정할 수는 없다. 다만 이야기의 맥락을 살펴보면 후자의 입장이 더 설득력 있게 들린다.

주목할 대목은 롯의 집에 몰려간 소돔인들의 발언이다. "오늘 밤 너의 집에 온 자들이 어디에 있느냐? 재미를 좀 보게 끌어내라!" 여기서 '재미를 좀 보게'라는 말은 완곡한 번역이다. 영어판 〈창세기〉에는 이 문장에 강간Rape이나 성관계Sex를 뜻하는 단어가 들어가 있다. 따로 성별이 언급되지는 않지만《성경》에서 강간의 가해자는 대부분 남성이고, 천사들도 대개 남성으로 인식된다. 요컨대 이 장면은 남성 소돔인들이 동성의 천사들을 강간하려고 찾아온 것이다.

소돔인의 요구에 롯이 내놓은 답변도 같은 맥락에서 이해할 수 있다. 끔찍하게도, 그는 손님인 (남성) 천사들 대신 자신의 딸들을 강간해도 좋다며 내어주려 한 것이다. 이러한 해석과 달리 진보적 신학계는《성경》에서는 동성애를 죄악시하지 않는다고 주장하기도 한다. 정말 그럴까?《구약성경》〈레위기〉에는 "여자와 한자리에 들듯이 남자와 한자리에 든 남자가 있으면, 그 두 사람은 망측한 짓을 하였으므로 반드시 사형을 당해야 한다. 그들은 피를 흘리고 죽어야 마땅하다"라는 언급이 있다.

《신약성경》도 마찬가지다. 〈로마서〉는 "인간이 이렇게 타락했기 때문에 하느님께서는 그들이 부끄러운 욕정에 빠지는 것을 그대로 내버려두셨습니다. 여자들은 정상적인 성행위 대신 비정상적인 것을 즐기며 남자들 역시 여자와의 정상적인 성관계를 버리고 남자끼리 정욕의 불길을 태우면서 서로 어울려서 망측한 짓을 합니다. 이렇게 그들은 스스로 그 잘못에 대한 응분의 벌을 받고 있습니다"라며 동성애를 죄로 규정하고 있다. 이렇듯 《성경》에서 드러나는 입장에 비추면, 천벌을 받아 마땅했다는 소돔인의 죄목은 동성애나 동성 강간으로 보는 게 합리적이다. 나아가 롯이 차라리 딸들을 맘대로 하라며 내어준 행위는 그만큼 동성애가 큰 죄악임을 강조하는 장치인 동시에, 당대 사회가 여성을 온전한 인간으로 대우하지 않았음을 적나라하게 드러낸다.

실재했던 도시, 혹은 저승의 도시

동성애를 즐기다가 신의 노여움을 사서 멸망했다는 소돔의 이야기는 과연 사실일까? 물론 아니다. 그 이야기가 사실이라면 동성애가 자연스러

피난길에 뒤를 돌아보다 소금 기둥으로 변한 롯의 아내.(하르트만 셰델의 그림, 1493년 작품)

운 취향이자 문화였던 고대 그리스는 수천 년간 찬란한 문명을 건설하지도, 누리지도 못했을 것이다. 그렇다고 소돔 설화를 아무 근거 없이 지어낸 이야기라고만 치부할 수는 없다. 2001년 8월 영국 〈BBC〉 방송에서 지질학자 그레이엄 해리스Graham Harris는 현재 이스라엘-요르단 국경 지대인 사해 연안에 존재했던 두 개의 도시가, 기원전 2500년 무렵에 발생

이스라엘 소돔 산의 기둥 바위. 현지 주민들은 이 바위를 《성경》에서 말하는 소금 기둥이라고 생각한다.

한 지진과 그 여파로 사해에 매장되어 있던 메탄가스가 폭발하면서 멸망한 흔적을 발견했다고 밝혔다. 그러면서 이 사건이 후대에 소돔과 고모라 이야기로 각색되었을 것이라는 주장을 폈다.

한편 2015년 10월 미국 〈CBS〉의 보도에 따르면, 고고학자 스티븐 콜린스Steven Collins 연구팀이 요르단강 하구 탈 엘-하맘Tall el-Hammam에서 기원전 3500-1540년경(청동기 시대)의 유적지를 발견했는데, 이 유적지가 소돔으로 추정된다고 한다. 실제 이 곳은 700년가량 인적이 끊겼던 지역으로, 콜린스는 이를 지진과 화재의 영향으로 보았다. 또한 인접한 사해의 영향으로 이 지역에는 소금 기둥들이 많이 형성되어 있다. 탈 엘-

하맘이 버려진 땅이었던 시기에 이곳을 지나던 이들이 그 소금 기둥들을 보고는 소돔 설화와 롯의 아내를 상상하지 않았을까.

그런가 하면 소돔의 실재를 부정하는 견해도 있다. 미국의 성서학자 게리 그린버그Gary Greenberg는 《성서가 된 신화》에서 소돔은 현실이 아닌 저승에 있는 장소라고 주장한다. 무슨 뜻일까? 그는 롯의 사연과 유사한 그리스 신화의 오르페우스Orpheus 에피소드를 가져와 이를 설명한다. 음유시인 오르페우스는 독사에 물려 죽은 아내 에우리디케Eurydike를 다시 살려내기 위해 저승으로 갔다. 그는 저승의 신 하데스 앞에서 류트를 연주하며 노래를 불렀고, 그 솜씨에 감동한 하데스는 한 가지 조건을 단채 오르페우스가 에우리디케를 데리고 이승으로 돌아가는 것을 허락했다. 그 조건이란 저승을 빠져나가는 동안 오르페우스가 뒤를 돌아봐서는 안 되며, 이를 어기면 에우리디케는 다시 저승으로 끌려가서 영영 돌아갈 수 없다는 내용이었다. 어리석게도 오르페우스는 아내가 잘 따라오고 있는지 궁금함을 이기지 못하고 뒤를 돌아보았고, 하데스의 경고대로 에우리디케는 영원한 불귀의 객으로 남게 된다.

소금 기둥이나 저승은 모두 죽음을 상징한다. 그리고 롯과 오르페우스의 이야기에서는 하나같이 주인공이나 그 일행 중 하나가 뒤를 돌아봄으로써 누군가가 죽음을 맞는다. 이를 근거로 그린버그는 두 설화를 사람이 저승(죽음)을 탈출하는 이야기로 규정하고, 롯이 떠나온 소돔 역시 저승에 있는 공간이라고 해석하는 것이다.

소돔 _ 유대인이 동성애를 죄악시한 까닭

유대인이 동성애를
죄악시한 이유는?

소돔의 실재 여부와 별개로, 이 이야기를 기록한 〈창세기〉 저자의 의도는
무엇일까? 앞서 짚었듯 소돔 설화의 핵심 메시지는 '동성애는 신의 뜻을
거스르는 행위'라는 것이다. 그렇다면 〈창세기〉의 저자는, 혹은 당대 유대
인은 왜 동성애를 죄로 규정했을까?

중동 서부의 가나안 지역을 유랑하던 유대인은 기원전 10세기 무렵에
이스라엘 왕국을 세운다. 그러나 엄연한 독립국가임에도 이집트·아시리
아·바빌론 같은 이웃나라들에게 이리저리 치이고 살았는데, 원인은 적은
인구에 있었다. 고고학자 이스라엘 핑컬스타인Israel Finkelstein은 《성경:
고고학인가 전설인가》에서 당시 이스라엘 왕국의 인구는 4만5000명에
불과했다고 본다. 시대를 감안해도 제대로 된 국가라기에는 민망한 숫자
다. 그 무렵 이집트의 인구는 200만 명에 달했다.

예나 지금이나 인구는 국력의 척도다. 기술 발달이 더뎠던 고대에는
인구-국력의 비례 관계가 더 뚜렷했을 것이다. 그렇다면 이스라엘 왕국
은 《구약성경》에서의 묘사와 달리 약소국이었을 가능성이 크다. 핑컬스
타인에 따르면 《구약성경》의 〈열왕기상〉에서 묘사되는 솔로몬 왕의 궁전
이나 도시를 실증할 유적은 발견된 바 없다. 나아가 그는 솔로몬을 비롯
한 이스라엘 왕들은 변방의 군벌에 불과했으며, 이스라엘 왕국이 부를 축

〈솔로몬의 판결〉. 지혜로움의 대명사이자 이스라엘 왕국의
전성기를 이끌었다고 평가받는 솔로몬. 그러나 실제
이스라엘 왕국의 인구와 국력은 보잘것없었을 가능성이 크다.
(니콜라스 푸상의 그림, 1649년 작품)

적했다거나 중앙집권체제였다는 증거도 없다고 단언한다. 다소 성급해 보이지만 일리 있는 주장이다. 솔로몬 시절 이스라엘이 번영하고 강성한 나라였다면 이집트·히타이트·바빌론 같은 주변국의 유물에 기록되었을 법한데, 아무런 흔적을 찾을 수 없기 때문이다.

그런 현실에 처했던 만큼, 《구약성경》 속 유대인은 인구 증가에 집착하는 모습을 보인다. 〈창세기〉에 소개되는 유다의 세 아들과 며느리 다말의 이야기를 보자. 본래 다말은 장남인 에르의 아내였지만 그가 후사를 잇지 못하고 요절하자, 둘째의 부인이 된다. 그런데 둘째마저 다말과의 잠자리에서 급사하게 되고, 남은 셋째는 너무 어렸기에 우여곡절 끝에 시아버지인 유다가 다말과 동침해서 새 아들 베레스를 낳게 된다. 계대혼 또는 형사취수제라고 불리는 이런 유의 풍습은 근본적으로 가문의 대를 유지하려는 욕망의 발현이다.

〈출애굽기〉에는 이집트에 살던 유대인의 숫자가 이집트인을 넘어섰다는 파라오의 말과, 이집트 탈출 당시 성인 남성 인구가 60만에 달했다는 언급이 등장한다. 이 또한 알려진 역사적 사실과 다르다. 애초에 노예로 취급받던 유대인의 숫자가 이집트인보다 많았다면, 반란을 일으켜서 살기 좋은 이집트 땅을 차지할 일이지 왜 훨씬 척박하고 황량한 팔레스타인으로 도망치겠는가? 게다가 성인 남성만 60만이라면, 성인 여성과 아이와 노인까지 합친 인구는 물경 200만 명은 된다고 봐야 한다. 과연 그만큼의 유대인이 40년간 시나이 반도를 떠도는 게 가능했을까?

지도에서 사라진 도시들

그런 의미에서 〈출애굽기〉의 기록들 역시 글자 그대로의 사실이 아니라 인구수에 대한 염원의 반영이라고 보는 게 합리적이다. 그렇다면 "자식을 낳고 번성하여 온 땅에 퍼져서 땅을 정복하여라"(〈창세기〉, 1장 28절)라는 구절 역시 단순한 덕담이 아니라 절체절명의 정치적 과제였다고 해석할 수 있겠다.

요컨대 〈창세기〉 저자가 소돔 설화에서 전달하고자 한 진짜 메시지는 이성애와 달리 동성애는 인구를 불리는 데 방해가 되고, 이는 결국 국력약화와 타국의 핍박을 초래한다는 것이다. 따라서 소돔과 고모라의 멸망기는 이런 경고가 신정일치 사회에 효과적으로 먹혀들게끔 종교적으로 포장된 가르침이 아니었을까?

동성애 혐오의 원천이 된 소돔 설화

시간이 흘러 중동의 지역 신이었던 야훼는 전 지구를 관장하는 신으로 거듭났고, 구약과 신약을 아우르는 《성경》은 세계 최고의 베스트셀러가 되었다. 그리고 역사적 맥락을 소거한 채 《성경》을 접한 사람들에게 소돔 이야기가 엉뚱하게 이해되기 시작했다. 동성애는 그 자체가 신의 뜻에 어긋나는 죄악이라는 혐오Homophobia가 퍼진 것이다.

기독교가 사회 전반을 지배했던 중세 유럽에서는 동성애를 죄악시하는 호모포비아가 통념이었다. 이슬람의 침략에서 기독교도들을 지킨다는 명분으로 십자군 전쟁에 나섰던 성전기사단이 14세기에 돌연 강제 해산된 뒤 화형에 처해진 것도 남색男色을 즐겼다는 누명 때문이었다.

세속 사회가 기독교의 지배에서 벗어난 20세기에도 호모포비아는 여전했다. 제2차 세계대전에서 독일군의 암호를 해독하는 컴퓨터인 콜로서스를 개발한 영국의 과학자 앨런 튜링Alan Turing은 동성애자라는 이유로 체포되었다. 당시만 해도 영국에선 동성애가 범죄로 취급되었기 때문인데, 그는 결국 여성 호르몬을 주사하는 화학적 거세를 당한 끝에 스스로 생을 마감했다. 바다 건너 미국 사회에서도 1960년대까지 동성애자라는 이유로 폭행당하는 일은 비일비재했다.

서구뿐만이 아니다. 기독교가 영향력을 가진 사회에서는 동성애 혐오가 당연하게 받아들여졌다. 한국이 대표적이다. 한국은 국교를 인정하지 않고 정교분리를 헌법에 명시한 세속국가다. 그런 나라에서 동성애 등에 대한 포괄적 차별금지법을 제정하려고 하자 기독교 세력이 크게 반발하고 나선 일이 있었다. 한국 기독교 세력이 이 법을 반대하는 근거 역시 〈창세기〉의 소돔 설화에서 찾을 수 있다. 여기에는 한국 기독교 목회자와 신자의 상당수가 《성경》은 신의 계시로 작성된 문서로, 오류가 있을 수 없다'는 '성서무오설'을 신봉할 만큼 근본주의 성향이 강하다는 점도 한몫했을 것이다. 이런 영향으로 최근까지도 한국에서 동성애는 '비정상'으로 취급받았으며, 동성애자임이 공개되는 것은 사회적 매장과 다름없는

롯의 집으로 몰려가 소란을 피우다 천사들의 권능에 눈이 먼 소돔인들.
동성애가 타락이며 죄라는 인식은 근대 이후 세속 사회에도 그대로
이어졌다.(제라드 호에의 그림, 1728년 작품)

1482년 동성애 혐의로 화형당하는 스위스 귀족 리처드 풀러 폰 호헨버그와
그의 하인 안톤 마츨러. 중세 유럽인들은 〈창세기〉에서 야훼가 소돔인에
내린 판례를 그대로 따라 동성애자들을 화형에 처하곤 했다.
(다이볼트 실링의 삽화, 1484년 작품)

일이었다.

    3000년 전 유대인 사회의 열망이 담긴 이야기를 오독·오해한 영향은 이처럼 넓고 깊다. 다행스럽게도 범세계적 소수자 운동에 힘입어 동성애에 대한 오랜 편견은 서서히 걷히고 있다. 그리고 동성애 혐오의 뿌리가 된 소돔 설화를 새롭게 혹은 제대로 해석하는 일은 그런 변화에 이롭게 작용할 것이다.

예리코

《성경》이 감춘 인류 최초의 도시

모세의 후계자 여호수아가 이스라엘 백성을 이끌고
멸망시켰다는 도시 예리코. 이 도시의 실존 여부와
흥망에는 《성경》의 저자들이 감춰놓은 더 많은
수수께끼가 숨어 있다.

《성경》에 기록된 예리코

《구약성경》에 따르면, 이집트에서 오랫동안 강제 노역에 시달리던 이스라엘인(유대인의 조상인 히브리인)은 신의 계시를 받은 예언자 모세를 따라 고향인 가나안 땅(현재 팔레스타인 지역)으로 향했다. 앞서 소돔 이야기에서도 밝혔다시피 〈출애굽기〉에서는 이 행렬의 규모가 장정(성인 남성)만 60만 명이라고 언급된다. 장정들의 일가를 합치면 200만에 달하는 인원이었을 것이다.

가나안으로 들어가던 도중에 모세가 죽자, 이스라엘인은 여호수아를 후계자로 선택했다. 여호수아는 이들을 이끌고 요르단강 너머 가나안의 예리코Jericho 성으로 진격해 들어갔다. 〈여호수아기〉는 이 공방전을 상세하게 다룬다. 여호수아는 공격을 시작하기 전에 두 명의 첩자를 뽑아

예리코 시가지의 상상화.
(엽서의 삽화로 작자는 미상, 20세기 작품)

성 안으로 들여보냈다. 첩자들은 라합 Rahab이라는 창녀의 집에서 묵으며 도시의 실정을 염탐했다. 한편 이를 알아차린 예리코의 왕이 라합에게 첩자들을 내놓으라고 명령했지만, 그녀는 그들이 이미 도망쳤다고 둘러댔다. 그러고는 첩자들에게 "내가 당신들을 숨겨주었으니, 당신들도 나와 내 가족을 살려주십시오"라고 부탁했다. 이에 첩자들은 창문에 분홍색 끈을 매달아 놓으면 안전할 것이라고 당부하고 성을 빠져나갔다.

첩자들과 협상하는 라합.
(제임스 티소의 그림,
1896-1902년경 작품)

　보고를 받은 여호수아는 곧바로 이스라엘 백성을 이끌고 예리코 성으로 쳐들어갔다. 물론 예리코 주민의 항전은 만만찮았다. 〈여호수아기〉에 따르면, 이때 여호수아는 야훼의 계시에 따라 일곱 사제에게 십계명이 담긴 성궤를 메고 하루에 한 번씩 예리코 성채를 돌도록 했다. 그렇게 7일째 되는 날, 역시 여호수아가 일러둔 대로 이스라엘 백성들이 고함을 지르고 제사장이 나팔을 불자, 성벽이 저절로 허물어졌다고 한다.

　무너진 성내로 진입한 이스라엘인의 무자비한 학살이 이어졌다. 예리코의 남녀노소 주민들은 물론 가축들까지 남김없이 죽음을 맞았다. 방화

예리코_《성경》이 감춘 인류 최초의 도시

성궤를 둘러메고 예리코 성을 도는 이스라엘인들.
(장 푸케의 그림, 1420년 작품)

와 약탈도 자행되었다. 미리 약속한 대로 분홍색 끈을 매달아둔 라합의 집과 그 안의 사람들만이 겨우 변을 피했을 뿐, 나머지 지역은 초토화된 끝에 여호수아와 이스라엘인에게 점령당했다. 〈여호수아기〉는 이후로 예리코가 재건되지 못하고 황무지로 남았다고 전한다.

《성경》과 다른 역사

〈여호수아기〉 이래 예리코를 둘러싼 전투는 긴 세월 동안 틀림없는 역사적 사실로 받아들여져 왔다. 하지만 19세기 이후 고고학이 발달하면서, 또 근본주의 기독교 신앙에 대한 회의가 퍼지면서 이 사건을 둘러싼 의문과 논란도 끊임없이 제기되고 있다.

우선 예리코 전투 이전에 벌어진 이집트 탈출, 이른바 엑소더스Exodus의 진위부터 불확실하다. 〈출애굽기〉에서 밝힌 대로 성인 남성만 60만, 그들의 식솔을 더하면 200만은 족히 될 만한 대규모 인원이 하루아침에 이집트를 떠난 사건이라면 고대 이집트의 유물에서도 이에 대한 언급이 등장해야 마땅하다. 그러나 《구약성경》을 제외하면 이 사실을 증명할 어떠한 교차 사료도 발견되지 않았다. 그러다 보니 '출애굽出埃及'의 역사를 긍정하는 학자들조차 이 사건이 벌어진 시기를 특정하지 못하는 형편이다.

나아가 〈출애굽기〉에는 이스라엘 사람들이 가나안 땅에 들어가기 전 40년간 광야를 헤맸다고 하는데, 그 방대한 인원을 먹일 식량을 어떻게 조달했다는 것일까? 야훼가 만나(나무 수액)와 메추라기 떼를 내려주었다지만, 200만 명이 하루에 먹는 양을 상상해보자. 과연 그 정도로 감당할 수 있었을까?

예리코 성을 비롯한 가나안 정복 전쟁의 신빙성도 의심받고 있다.《구약성경》의 기록대로 여호수아가 이끄는 이스라엘인이 가나안의 도시들을 거침없이 무너뜨리는 무력집단이었다면, 어째서 비슷한 시기에 블레셋Philistia 민족을 상대로는 고전을 면치 못하고, 때로는 지배당하기까지 했을까? 당시 블레셋은 이집트나 바빌론처럼 통일된 왕정국가도 아니고, 여러 부족의 연맹체에 불과했는데도 말이다.

실제 이스라엘의 국력과 관련해, 예리코 정복으로부터 수백 년 뒤인 저 유명한 다윗과 솔로몬의 시대에서조차, 이스라엘 왕국은 그 이름만큼 강력한 세력이 아니었다. 앞서 인용한 핑컬스타인의 견해를 다시 요약하면, 다윗은 중앙집권국의 군주가 아니라 산간 지역의 군벌에 가까웠다. 또한 다윗의 아들로 고대 이스라엘의 최전성기를 이끈 솔로몬의 집권기(기원전 10세기)에도 왕국의 총인구는 4만 5000명에 머물렀으며, 이렇다 할 도시도 존재하지 않았다고 한다.

결정적으로 〈여호수아기〉의 기록은 고고학의 발굴 결과와 어긋난다. 예리코 전투는 기원전 14세기경의 일로 알려져 있는데, 조사 결과 예리코 성은 그보다 훨씬 앞선 기원전 25세기와 16세기에 벌어진 모종의 사건으로 폐허가 된 상태였기 때문이다.

지도에서 사라진 도시들

〈만나를 줍는 이스라엘인〉. 신이 내려준 만나와 메추라기 떼로 40년간
수백만이 먹고 살았다는 《성경》의 기록은 뒤이은 예리코 정복에 대한
신빙성까지 의심케 한다.(제임스 티소의 그림, 1896-1902년경 작품)

알고 보면 인류 최초의 도시,
예리코

한편《구약성경》의 기록과 별개로, 예리코는 인류사에서 굉장히 의미가 깊은 장소다. 고고학적 발굴과 연구에 따르면 인류 최초의 도시가 이곳에 존재했던 것으로 추정되기 때문이다. 예리코 유적지는 오늘날 이스라엘과 요르단 국경에 인접한 사해 북쪽의 폐허로 남아 있다. 그러나 기원전 8000년, 지금으로부터 무려 1만 년 전 이곳에는 번듯한 도시가 세워져 있었다. 사막 한가운데에 존재하는 오아시스는 생존과 농업에 필수인 물이 있다는 점에서 오래전부터 마을이나 상인의 이동 거점으로 각광받아왔다. 예리코의 유적지에는 현재도 '엘리사의 샘'이라는 이름의 오아시스가 남아 있다.

예리코는 이집트와 아시아를 잇는 자리에 위치해 있는데, 이러한 이점을 살려 육상무역의 중계 거점 역할을 했으리라고 추정된다. 이를 뒷받침하듯 방사성 탄소연대측정법을 동원해 조사한 결과, 예리코 유적지에서 1만 년 전 햇볕에 말려 만든 벽돌이 발견되기도 했다. 고고학자들에 따르면, 이 벽돌로 지은 건물들은 일반적인 거주용이 아니라 예리코를 방문하는 상인과 여행자를 위한 일종의 여관이었다. 그러니까 1만 년 전 사막 한가운데 세워진 도시 예리코에 인류 최초의 호텔이 존재했던 셈이다.

예리코에 거주했던 주민들의 숫자는 2000명 안팎으로 여겨진다. 인구

발굴 조사로 모습을 드러낸 예리코 유적지. 《성경》속 전설로만 전해지던 예리코가
인류 최초의 도시였다는 사실이 밝혀졌다.

수백만의 대도시에서 살아가는 현대인의 눈에는 한적한 시골 마을에 불
과한 숫자이지만, 컴퓨터도 전기도 자동차도 비행기도 없던 석기시대에
2000명이 모여 살았다는 건 대단한 일이었을 것이다.

이 밖에 예리코에는 4m 높이의 성벽이 세워졌으며, 8.5m 높이의 탑도
존재했던 것으로 확인된다. 외적을 막거나 감시하기 위한 이런 구조물들
은 예리코 주민들이 전쟁에 대비했음을 보여준다. 《구약성경》의 기록과
무관하게 1만 년 전 석기시대에도 인류는 전쟁을 벌이고 있었던 것이다.

감시탑으로 추정되는 예리코의 유적.

예리코 유적지의 항공사진(위)과 복원도(아래).

또 하나 흥미로운 것은 예리코의 주인이 수차례 바뀐 걸로 추정된다는 점이다. 발굴 조사에 따르면 1만 년 전부터 이곳에 살았던 최초의 거주자들은 약 700년 후, 감쪽같이 행방을 감춰버렸다. 그 후 약 6000년간 두 부류의 거주민들이 이곳에 정착했지만, 각각 1500년에서 500년 정도 후에 사라진 걸로 보인다. 네 번째 주인이 예리코에 터를 잡은 것은 기원전 3300년경이다. 오랫동안 이곳을 지키던 이들은 약 1000년 뒤 아모리족의 침략과 함께 자취를 감추었다.

기원전 1900년, 마침내 가나안인이 예리코에 자리를 잡았다. 이들은 바알과 아세라 신앙을 지키며 번영을 누렸다. 예리코 성이 폐허로 변한 것은 힉소스족이 동북쪽에서 전차를 이끌고 쳐들어온 기원전 1560년경의 일이다. 그리고 광야를 방황하던 여호수아와 이스라엘인들이 이곳을 찾은 것은 그로부터 200년 후의 일로 추정된다. 그러니까 이스라엘인은 아무도 없는 폐허를 점령한 셈이다.

〈여호수아기〉에 숨은 메시지

결국 〈여호수아기〉가 전하는 이스라엘인의 예리코 정복은 사실과 거리가 먼 이야기라고 볼 수 있다. 그러나 앞서 소돔 설화에서 경험했듯, 진위와 무관하게 역사적 맥락에서 이야기의 목적을 살피는 것은 의미 있는 작업이다. 〈여호수아기〉 저자의 진짜 의도는 무엇일까?

《구약성경》에는 이와 관련해 이스라엘 백성들에게 건네는 의미심장한 구절이 있다.

> 너희 하느님 야훼께 유산으로 받은 이민족들의 성읍에서는 숨 쉬는 것을 하나도 살려두지 마라. 그러니 헷족, 아모리족, 가나안족, 브리즈족, 히위족, 여부스족은 너희 하느님 야훼께서 명령하신 대로 전멸시켜야 한다. 살려두었다가는 그들이 자기 신들에게 해올리는 발칙한 일을 너희에게 가르쳐주어 너희가 너희 하느님 야훼께 죄를 짓게 될 것이다.(〈신명기〉, 20장 16-18절)

이방인을 죽이지 않고 살려둔다면 그들의 신앙이 이스라엘인에게 전해져 야훼를 섬기는 일을 방해할 것이라는 경고다. 요컨대 이스라엘 신앙의 순수성을 지키기 위해서 이방인과 그들의 성읍을 전멸시키라는 것이 〈신명기〉 저자의 메시지다.

그렇다면 이스라엘인은 〈신명기〉의 경고를 따라, 〈여호수아기〉의 기록처럼 그들이 정복했다는 가나안 지역의 원주민을 말살했을까? 그렇지 않다. 아니 그럴 만한 힘이 없었다고 보는 게 정확할 것이다. 그 뒤의 이야기를 다룬 〈예레미야서〉에는 이스라엘인이 가나안 원주민과 함께 살면서 그들의 토착 신앙을 폭넓게 받아들이는 모습이 등장한다.

아들이 나무를 거두어오면 아비는 불을 지피고 어미는 밀가루를 반죽하여 그 불에 과자를 구워 하늘의 여왕에게 바치고 있다. 나(야훼-인용자) 아닌 다른 신들에게 제주를 따라 바치고 있다.(《예레미야서》, 7장 18절)

다른 신들에게 분향하는 여인들과 그것을 알고 있던 남편들, 이집트의 남북에 사는 모든 교포들이 예레미야에게 대답하였다.

"당신이 야훼의 이름으로 우리에게 한 말을 우리는 듣지 않겠소. (…) 하늘의 여왕께 약속한 대로 분향하고 제주를 바쳐야 하겠소. 우리는 조상들과 왕들과 고관들과 함께 유다의 성읍들과 예루살렘 거리거리에서 하던 대로 하겠소. 그 때 우리는 아무런 재앙도 당하지 않고 배불리 먹으며 잘 지냈단 말이오. 그런데 하늘 여왕께 분향하고 제주 바치기를 그만두자, 우리는 모두 궁해지다가 마침내 칼에 맞아 죽고 굶어 죽게 되었소. 우리가 하늘의 여왕께 분향하고 제주를 바칠 때, 어찌 남편들 모르게 하였겠소? 여왕의 신상을 박아 제병을 굽거나 제주를 따라 바칠 때, 어찌 남편들 모르게 하였겠소?"(…)

예레미야는 다시 온 백성, 그 중에서도 여인들에게 말하였다.

"이집트에 사는 모든 유다인이여, 야훼의 말씀을 들으시오."

나 만군의 야훼가 이스라엘의 하느님으로서 말한다. 너희는 (…) 하늘 여왕에게 분향하고 제주를 바치기로 서원했으니까 그대로 해야겠다면서 뜻을 굽히지 않고 그대로 하고 있다. 좋다, 하려거든 해보아라. 그러나 이집트에 사는 모든 유다인은 나 야훼의 말을 들어라. (…) 이집트에 사는 온 유다인은 칼에 맞아 죽고 굶어 죽어 멸절되리라.(《예레미야서》, 44장 15-27절)

요약하면 유대인은 '하늘의 여왕'을 위해 밀가루를 구워 과자와 빵을 만들고 향을 피우고 술을 바쳤으며, 이에 예레미야는 야훼의 이름을 빌려 이를 멈추라고 경고하고 있다. '하늘의 여왕'이란 가나안 신화의 여신 아세라 Asherah를 가리킨다. 아세라는 본래 바다의 여신이었지만, 후대로 가면서 하늘의 여신 아스타르테 Astarte와 동일시되어 하늘의 여신으로 불리기도 했다.

〈모세와 십계명〉(필립 드 샹파뉴의 그림, 1648년 작품). '나 이외의 다른 신을 섬기지 말라'는 십계명의 언급은 유대인이 숭배한 야훼가 곧 질투하는 신이라는 것을 의미한다. 따라서 《성경》의 저자들은 다른 신앙에 배타적일 수밖에 없었다.

아세라는 가나안 신화의 최고신인 엘El의 아내였다. 그런데 엘은 언제부턴가 유대인의 신인 야훼와 동일시되었고, 그래서 아세라를 야훼의 아내로 간주하기도 했다. 실제로 이집트 북부 사막에서 발견된 기원전 8세기경의 비석에는 "사마리아의 야훼와 그의 아세라…"라는 글귀가 새겨져 있다. 이를 두고 미국의 고고학자 윌리엄 데버William Dever는 고대 이스라엘 지역에서 발견된 많은 여성 인형들은 아세라의 신상이었으며, 아세라는 야훼의 후궁 노릇을 했다고 주장한 바 있다. 이 주장에 근거하면 앞서 〈예레미야서〉에서 언급된 유대인은 야훼와 아세라를 부부 신으로 함께 숭배하며 제사를 지낸 것으로 보인다.

그러나 예레미야처럼 엄격한 보수주의자들은 아세라 숭배를 악습으로 간주하고 모질게 탄압했다. 〈열왕기하〉에는 유다 왕국의 왕 요시아가 아세라 숭배에 사용되던 모든 제물과 목상을 예루살렘 바깥 벌판에서 불태우는 장면이 나온다. 이때 아세라 목상을 야훼의 신전에서 들어냈다고 언급되는데, 이는 아세라가 야훼와 함께 숭배를 받았음을 의미한다.

또한 〈열왕기하〉에는 요시아 왕이 "야훼의 신전에 들어가 있던 남창들의 집을 허물어버렸다. 그것들은 아세라 대신 음란을 피웠었다"는 언급이 등장한다. 남창이란 매춘을 하는 남자들인데, 풍요의 여신인 아세라에게 제의를 바칠 때 남창과 창녀를 불러다가 성관계를 시켜 풍요를 기원하는 풍습이 중동 지역에 널리 퍼져 있었다. 아마 유다 왕국 백성들도 그런 풍습을 받아들였을 것이고, 이에 요시아 왕 같은 보수주의자들이 철퇴를 내렸던 모양이다.

이처럼 실제 역사와 정반대로 전개된 여호수아의 예리코 정복 이야기는 어떻게 받아들여야 할까? 결국 이 또한 이스라엘인의 신앙이 오염(?)되어 가는 것을 막기 위한 염원의 반영으로 보는 게 타당하다. 예리코 정복 당시 가나안 원주민을 말살하고 그들의 문화를 철저히 파괴했다면 야훼 신앙을 순수하게 지킬 수 있었을 것이라는 뜻이다. 요컨대《성경》의 저자들은 현실을 타개하기 위해 과거를 윤색한 셈이다.

십자군 전쟁과 제국주의의
동력이 되다

예리코 정복에 관한 진실은 최근에야 알려지기 시작했다.《성경》이 절대 권위를 누렸던 중세에는 누구도 예리코 정복을 의심하지 못했고 문자 그대로 받아들였기 때문이다. 이런 철석같은 믿음이 예리코 정복이라는 상상 속의 일을 현실에서 구현하기도 했다. 11세기 말, 기독교 최고의 성지 예루살렘을 이슬람 세력으로부터 되찾겠다는 구호를 내건 십자군 원정에서였다.

1099년 7월 8일, 1만 2000명의 십자군은 불타는 더위와 지독한 굶주림에 시달리면서도 마침내 예루살렘에 도착했다. 그런데 이때 기묘한 작전이 벌어진다. 먼 옛날 예리코 성을 함락시킨 이스라엘인처럼, 맨발의 십자군들이 끼니도 거른 채 예루살렘 주위를 빙빙 돌면서 나팔을 불고 고함을 질러댄 것이다. 십자군은 모두 신실한 기독교도였다. 그래서 신이 이스라엘인에게 그랬듯, 자신들에게도 예루살렘 성벽이 저절로 무너지는 기적을 보여주리라 굳게 믿은 것이다.

물론 그들의 바람과는 달리 예루살렘 성벽은 무너지지 않았고, 십자군

중세 유럽의 기독교인들은 성궤 행진과 나팔 소리가 예리코 성을 허물어뜨렸다는 신화를
곧이곧대로 받아들였다. 이러한 맹신 때문에 11세기 예루살렘 공방전에서 십자군들은
무기 대신 나팔을 들고 성 주변을 도는 코미디를 연출하기도 했다.
(프랑스어 《성경》의 삽화, 13세기 작품)

예루살렘을 공격하는
십자군.(작자 미상
14세기 작품으로 추정)

은 닷새간의 공방 끝에 겨우 성을 점령할 수 있었다. 기적을 겪지 못했음에도 십자군은 예루살렘 주민들을 마구잡이로 학살했다. 이 또한 "너희 하느님 야훼께 유산으로 받은 이 민족들의 성읍에서는 숨쉬는 것을 하나도 살려두지 마라"는 〈신명기〉의 가르침을 충실히 따른 것이었다.

서구 제국주의의 첫 발현이라 할 십자군 원정은 이슬람 세력의 반격에 실패로 돌아간다. 그러나 16세기에 이른바 '대항해시대'가 열리면서, 유럽인은 아메리카 대륙과 동남아를 시작으로 아프리카와 아시아를 차례로 정복해 나갔다. 이 시기 유럽인이 내세웠던 명분 또한 바로 예리코 전투로 상징되는 가나안 정복 스토리였다. 그들은 스스로를 신이 약속한 땅을 정복하는 새로운 이스라엘 백성으로 여겼고, 수천 년 전부터 그곳에 살고 있던 원주민을 신의 이름으로 절멸하거나 노예로 부릴 존재로 취급했다. 결국 중동의 유대인이 자기 신앙과 문화의 순수성을 지키고자 지어낸 예리코 정복 이야기가 엉뚱하게 서구의 침략 명분으로 쓰인 셈이다. 이처럼 역사의 화살이란 때때로 전혀 예상치 못한 방향으로 날아가는 법이다.

예리코_《성경》이 감춘 인류 최초의 도시

트로이

신과 인간이 만든 불멸의 드라마

신과 인간 영웅의 낭만과 무용담이 깃든 도시 트로이.
불후의 고전《일리아스》와《오디세이아》의 무대이자
그리스 신화의 대단원을 장식한 이 전설적 도시는 3000년
만에 그 자취를 드러내었다.

≋

신들의 질투가 부른
인간 영웅들의 전쟁

지금은 사라진 도시 트로이Troy는 현재 터키 서부에 위치한 차나칼레 Canakkale 부근에 있었다. 트로이의 흥망을 보여주는 대표적 기록은 고대 그리스의 서사시 《일리아스》와 《오디세이아》다. 기원전 8-9세기, '역사상 가장 위대한 시인' 호메로스가 쓴 이 두 작품에는 트로이의 명운을 가른 트로이 전쟁과 그 후일담이 담겨 있다.

전쟁의 서막은 신들의 사소한 다툼에서부터였다. 인간 영웅 펠레우스 Peleus와 바다의 여신 테티스Thetis의 결혼식에 초대받지 못한 불화의 여신 에리스Eris는 식장에 나타나 '가장 아름다운 여신에게 바침'이라고 적힌 황금사과를 던졌다. 사과의 주인을 놓고 다툼을 벌이던 세 여신 헤라와 아테나와 아프로디테는 최고신 제우스에게 판결을 부탁했다.

여신들 간의 다툼을 판결하는 데 부담을 느낀 제우스는 인간 남성 가운데 가장 미남이라는 트로이의 왕자 파리스에게 결정권을 넘겼다. 이에 파리스를 찾아간 세 여신은 저마다 그럴듯한 보상을 제시하며 황금사과의 주인을 가려달라고 요청했다. 고민하던 파리스는 '어떤 이성이든 매혹할 수 있는 힘'을 주기로 한 아프로디테를 선택한다. 마침내 가장 아름다운 여신으로 인정받은 아프로디테는 보답으로 파리스와 세계에서 제일가는 미녀이자 제우스의 딸인 헬레네를 맺어주게 된다. 문제는 헬레네가 이미 스파르타의 왕비였다는 데 있었다.

트로이 왕자가 아내를 납치했다고 여긴 스파르타의 왕 메넬라오스Menelaos는 분노에 휩싸였다. 그는 자신의 형제이자 미케네의 왕인 아가멤논Agamemnon과 함께 아킬레우스와 오디세우스 등 그리스 최고의 영웅들을 거느리고 트로이 원정에 나서게 된다.

그리스 연합군의 쟁쟁한 진용에도 불구하고 승패의 분수령은 쉽게 찾아오지 않았다. 트로이의 또 다른 왕자이자 총사령관인 헥토르의 존재 때문이었다. 그리스군은 10배에 달하는 병력으로 맹공을 퍼부었지만 트로이는 난공불락이었다. 일진일퇴의 공방이 10년간 계속되었다. 우여곡절 끝에 아킬레우스가 헥토르를 죽이는 데 성공했지만, 그 또한 얼마 못가 파리스가 쏜 화살에 전사했고, 전쟁은 또다시 미궁으로 빠져들게 된다.

이에 그리스 최고의 전략가 오디세우스는 트로이 전쟁에 종지부를 찍

지도에서 사라진 도시들

을 작전을 생각해낸다. 그는 목재로 거대한 말을 만들고 그 안에 정예용사 30명을 숨긴 다음, 바다의 신 포세이돈에게 바치는 제물이라는 핑계로 해변에 세워두었다. 그리고 나머지 그리스군은 배를 타고 철수해버렸다. 드디어 그리스군이 물러났다고 여긴 트로이군은 이 거대한 목마木馬를 전리품 삼아 성안으로 끌고 들어왔다. 그날 밤 트로이군이 승리를 자축하는 잔치 끝에 곯아떨어진 사이, 목마 밖으로 빠져나온 정예병들이 성문을 열어젖히자 미리 대기하고 있던 그리스 군사들이 쏟아져 들어왔다. 철옹성 트로이의 허무한 함락이자 10년을 끌어온 트로이 전쟁의 결말이었다.

3000년 만에 모습을 드러내다

이 전쟁의 무대인 고대 도시 트로이는 그간《일리아스》와《오디세이아》에 나오는 전설상의 장소로만 알려져 왔다. 무리도 아니다. 아나톨리아 반도를 지배했던 히타이트도 19세기에 유적이 발견되기 전까지는《성경》에나 등장하는 신화 속 지명일 뿐이었으니깐 말이다.

그럼에도 트로이의 존재를 믿고 찾아 나선 소수의 사람들이 있었으니 아마추어 고고학자 하인리히 슐리만Heinrich Schliemann과 프랭크 칼버트 Frank Calvert였다. 이들은 그간의 문헌을 근거로 터키 서부 히살리크 언덕에서 3년간 발굴을 거듭한 끝에, 1873년 이곳에서 트로이의 유적층을 발

고대 그리스의 항아리에 새겨진 아킬레우스.
(작자 미상, 기원전 300년경 작품으로 추정)

사랑에 빠진 헬레네와 파리스.
(자크-루이 다비드의 그림, 1798년 작품)

견하는 데 성공한다. 트로이 전쟁의 무대가 역사적으로 실재했음이 확인된 것이다.

그렇다면 트로이는 어느 정도 규모의 도시였을까? 슐리만과 칼버트가 측정한 트로이 유적의 면적은 가로세로 137×183m 정도다. 정주 인구는 최대로 추산해도 1000명 안팎이라고 한다. 이후 최근까지 이어진 발굴 성과로 규모가 훨씬 커졌다고 하지만, 그렇더라도 현대 세계의 도시들과 비교할 수준은 아닐 것이다.

실제로 《일리아스》 후반부에는 아킬레우스가 자신의 친구를 죽인 헥토르를 추격

아마추어 고고학자 하인리히 슐리만. 전설로만 남아 있던 트로이가 역사의 무대로 등장한 데는 그와 프랭크 칼버트의 공이 지대했다.

하며 트로이 성을 세 바퀴나 도는 장면이 등장한다. 이를 연출한 원작자 호메로스의 의도는 아킬레우스가 그만큼 분노했다는 걸 보여주는 데 있겠지만, 달리 보면 트로이의 규모가 그만그만했다는 뜻도 된다.

한편 《일리아스》에 따르면 10년에 걸친 트로이 전쟁에 참전한 그리스 연합군의 숫자는 55만인 데 비해, 트로이군은 그 1/10에 불과하다. 도시의 규모도 크지 않았고, 병력도 절대열세였던 트로이군은 어떻게 그렇게 긴 세월을 버틸 수 있었을까? 두 가지로 추측할 수 있다. 우선 10년이라는 전쟁 기간이 과장되었을 가능성이다. 실제로는 그보다 훨씬 짧은 전쟁이

발굴 작업으로 드러난 트로이의 성벽.

트로이에서 출토된 유물 가운데 가장 유명한 '아가멤논의 황금 가면'.
아가멤논은 그리스 연합군의 총사령관이자 미케네의 왕이었다.

었다는 것이다. 두 번째는 그리스 연합군이 트로이뿐만 아니라 주변의 다른 도시나 국가들까지 침공했고, 살육과 약탈을 일삼느라 전쟁이 길어졌을 가능성이다. 두 가지 추측 가운데서 《일리아스》에서 언급되는 그리스 연합군들의 발언을 종합해보면 후자에 무게가 실린다.

우리는 에에티온Eetion의 도시 테베에 원정하여 마침내 그곳을 함락시켰으며, 거기에 있던 모든 것을 휩쓸어 가지고 돌아왔다. 병사들은 모든 전리품을 분배했으며, 아가멤논은 아름다운 처녀 크리세이스를 얻었다.

아가멤논이여, 무엇이 부족해서 이러는 겁니까? 그대의 막사에는 노획품인 청동기가 가득 차고, 도시를 점령할 때마다 누구보다 더 먼저 아름다운 여인만 골라 가졌으면서 아직도 황금에 탐이 납니까? 우리가 사로잡은 자식을 찾으려고 트로이인 부모들이 가지고 온 보석에 욕심이 납니까? 아니면 젊은 처녀를 또 독차지하고픈 생각이 납니까?

아무도 트로이인의 아내를 잠동무로 삼아서 헬레네에 대한 원수를 갚기 전에는 달아날 생각을 해서는 안 된다.

트로이에서 떠난 이후, 우리 배는 순풍에 이끌려 처음으로 이스마로스Ismarus에 닿았다. 우리는 이 도시를 점령하여 남자들을 모두 죽여 없애고,

여자들은 다른 많은 전리품들과 함께 배에다가 실었다.

특히 마지막 두 발언의 화자는 '트로이의 목마' 작전으로 전쟁을 끝낸 전략가 오디세우스다. 그리스군의 수많은 영웅들 가운데서도 핵심인 그가 전후 트로이의 동맹이었던 이스마로스를 침공해서 약탈과 납치를 자행했음을 스스로 시인한 것이다.

종합해보면 트로이 전쟁의 진짜 목적은 《일리아스》에서 그리스 연합군 총사령관 아가멤논이 내세운 '스파르타의 왕비 헬레네를 트로이 왕자가 납치한 것에 대한 응징'이 아니라, 이를 평계로 그리스보다 부유했던 동방 지역에 대한 약탈이라고 보는 게 합리적이다.

그리스의 눈엣가시,
트로이

이와 관련한 그리스 신화 가운데 영웅들이 콜키스 왕국의 황금 양털을 찾으러 떠나는 아르고Argo호 원정 이야기가 있다. 그에 따르면 그리스 본토의 에게해에서 흑해로 들어가는 길목에 두 개의 커다란 바위가 마주 보고 있었다. 심플레가데스Symplegades로 불리는 이 바위들은 스스로 틈을 벌렸다가 좁히면서 그 사이를 지나는 모든 배를 부숴버리곤 했다. 그런데 아르고호 원정대의 대장 이아손은 먼저 새 한 마리를 심플레가데스 사이

심플레가데스를 넘어 콜키스 왕국으로 향하는 아르고호 원정대. 국가 경제에서
해상무역이 큰 비중을 차지하는 그리스인 입장에서는 트로이가 심플레가데스와 같은
존재였을 것이다.(로렌조 코스타의 그림, 1500년 작품)

로 날려 보내 두 바위를 충돌시킨 다음, 다시 벌어지는 틈을 타서 그곳을
무사히 통과할 수 있었다.

　일설에 따르면 이 심플레가데스는 그와 마찬가지로 에게해와 흑해의
길목에 있던 도시인 트로이의 비유라고 한다. 실제 트로이 전쟁 이전의
그리스인은 흑해 연안의 도시들을 상대로 약탈과 무역을 벌였다. 그런데

트로이 _ 신과 인간이 만든 불멸의 드라마

복원된 트로이의 목마. 영화 〈트로이〉(2004)의 소품으로도
쓰였으며, 터키 차나칼레 시에 전시되어 있다.

흑해로 진입하려면 그 길목에 자리 잡은 트로이에 막대한 통행세를 바치거나, 위험을 감수한 도둑 운항에 나서야 했다. 그 과정이 마치 움직이는 바위 사이를 통과하는 것처럼 악명 높았기에 만들어진 게 아르고호와 심플레가데스 에피소드라는 이야기다.

그리고 이를 견디다 못한 그리스 도시국가들이 대규모 연합군을 꾸렸고, 10년에 걸친 공방 끝에 트로이를 멸망시킨 다음, 에게해-흑해 무역로를 완전히 장악하게 되었던 것이다. 낭만과는 거리가 멀지만 이것이 바로 《일리아스》와 《오디세이아》의 영웅담에 가려진 트로이 전쟁의 목적과 결과라고 할 수 있다.

한편 '트로이의 목마'는 어떻게 해석해야 할까? 정말로 그렇게 거대한 목마 때문에 트로이가 함락되었던 것일까? 이와 관련해서도 흥미로운 추측이 있다. 트로이의 목마는 서로 다른 두 가지를 가리킨다는 견해다. 그에 따르면 첫 번째 트로이의 목마는 나무로 만든 말이 아니라, 성문을 부수는 공성무기인 파성추破城椎의 일종이었다. 트로이 병사들이 쏘아대는 화살이나 돌팔매에서 보호하기 위해 파성추에 나무로 지붕과 벽을 덧붙였는데, 그 형상을 호메로스가 목마로 각색했으리라는 추측이다.

또 하나의 목마는 다름 아닌 지진이다. 이는 트로이 유적지 일부가 지진으로 파괴된 흔적이 있다는 발굴 조사에 근거한 것이다. 상상력을 조금 보태면 공성전 와중에 공교롭게도 지진이 발생했고, 성벽에 금이 가거나 무너져 내리면서 전세가 결정되었을 가능성도 없지 않다. 이에 뜻밖의

오디세우스의 기지로 하루아침에 불타고 만 트로이.
(프란시스코 콜란테스의 그림, 1634년 작품)

승리를 거둔 그리스인은 그 지진을 신의 은총으로 여기고, 나무를 깎아서 만든 커다란 말을 제물로 바친 것은 아니었을까?

《일리아스》에는 포세이돈이 트로이의 성벽을 쌓아주었다고 언급된다. 또한 그리스 신화 속 포세이돈은 바다뿐만 아니라 지진과 말의 신으로, 자신이 성벽을 쌓아주었음에도 불구하고 트로이인에게 한 푼도 받지 못하자 트로이를 침공한 그리스 연합군을 도와주었다고 묘사된다. 그렇다면 그리스인으로서는 트로이 함락을 포세이돈이 일으킨 기적이라고 여겼을 법하고, 그에 대한 보답으로 포세이돈의 상징을 목마 형태로 만들어 바쳤을 개연성은 충분하다.

사라진 도시의 불멸하는 정신

비록 지도상에서 사라지기는 했으나, 트로이는 그 이후 세계 문화사 전반에 지울 수 없는 영향을 남겼다. 무엇보다 트로이 전쟁은 그리스-로마 문명의 근원이 담긴 스토리로, 그 두 나라는 물론 후대의 서구인에게까지 공유되는 역사적 감수성을 만들어냈다.

호메로스는 트로이 전쟁을 그리스 영웅들의 대서사시로 그려낸《일리아스》와 전후 오디세우스가 그리스로 귀국할 때까지의 모험담을 담은《오디세이아》를 남겼다. 기원전 8세기 무렵에 등장한 이 두 작품은 재미있는 영웅담일 뿐만 아니라 운명과 욕망, 인간성의 근원에 대한 탐구이기도 했다. 그런 보편성에 힘입어 두 작품은 현재까지도 끊임없이 읽히고 이야기되는 불멸의 고전이 되었고, 호메로스는 역사상 가장 위대한 작가 반열에 오르게 된다.

마케도니아 왕국의 군주로, 고대 그리스 역사상 가장 넓은 영토를 다스렸던 알렉산더 대왕은 트로이 전쟁의 영웅인 아킬레우스의 후손을 자처하곤 했다. 그는 스승인 아리스토텔레스에게서 받은《일리아스》필사본을 늘 배게 밑에 넣어두고 잠들 만큼 트로이 전쟁 이야기에 매혹되었다고 한다.

호메로스. 그는 트로이 전쟁 이야기를 《일리아스》와 《오디세이아》라는 불멸의 고전에 담아 역사에 남겼다.

반면 로마인은 스스로를 트로이의 후손이라고 믿었다. 따라서 로마의 그리스 정복은 트로이 멸망에 대한 복수로 정당화되었다. 로마의 초대 황제 아우구스투스는 시인 베르길리우스에게 트로이 전쟁에서 살아남은 영웅이자 로마의 건국자 로물루스의 조상이 되는 아이네이아스의 일대기를 쓰도록 지시했고, 이는《아이네이스》라는 또 다른 걸작의 탄생으로 이어진다.

중세에도 트로이의 인기는 여전했다. 게르만족의 일파인 프랑크족은

트로이 _ 신과 인간이 만든 불멸의 드라마

자신들의 조상이 게르마니아(현재 독일)의 어두컴컴한 숲이 아니라 트로이에서 나왔다고 주장했다. 13세기 아이슬란드의 시인 스노리 스튀르들뤼손Snorri Sturluson은 북유럽 신화의 원전인 《에다Edda》를 정리하면서 천둥의 신 토르가 실은 트로이의 왕자였다고 서술한 바 있다. 이는 모두 유럽 각지의 민족들이 자신들의 기원을 실제보다 더 멀리 잡기 위한 의도에서 비롯한 일이었다.

중세 유럽의 기사들은 트로이의 왕자 헥토르를 이교도임에도 존경할 만한 세 영웅 가운데 한 명(나머지 둘은 알렉산더 대왕과 카이사르)으로 꼽기도 했다. 1097년 제1차 십자군 전쟁 당시 터키 도릴라이움 전투에서 격전 끝에 승리한 십자군 기사들은 상대였던 튀르크족을 가리켜 '트로이의 후손'이라고 표현했다고 한다. 용맹한 적수에게 건네는 경의였던 셈이다.

물론 튀르크족은 그들이 등장하기 1000년도 더 이전에 사라진 트로이와는 아무런 관련이 없다. 하지만 튀르크족도 그러한 인식이 마음에 들었는지, 그들이 세운 오스만 제국의 황제 메흐메트 2세Mehmed II는 동로마 제국을 멸망시킨 1453년 "트로이의 원수를 갚았다!"라고 선언하기도 했다. 앞서 로마인이 트로이의 후손을 자처했다는데, 왜 로마의 후신을 멸한 튀르크족 황제가 트로이의 복수를 이야기하는지 엉뚱하게 여길 독자들도 있을 것이다. 이는 동서 분열 이후 동로마가 로마의 언어인 라틴어 대신 그리스어를 사용했으며, 후기로 갈수록 그리스 세계에 가까운 정체성을 보였기 때문이다.

지도에서 사라진 도시들

이탈리아의 대문호 단테 알레기에리 역시 트로이의 옹호자로 전해진다. 그의 작품《신곡》에서 헥토르를 비롯한 트로이의 영웅들은 지옥에 속하되 형벌을 받지 않는 공간인 림보에서 편안히 머무는 것으로 묘사된다. 이는 그들이 비록 이교도이지만 죄를 짓지 않았기에 받은 처분으로, 맞수였던 그리스 영웅들 대부분이 본격적인 지옥에서 고통을 겪는 것과는 크게 대조된다.

호메로스가 그려낸 트로이 전쟁의 드라마틱함은 근대 이후에도 대중문화와 예술에 영감을 주고 있다. 오디세우스·아킬레우스·헥토르와 트로이의 목마는 문학과 영화, 만화와 게임의 단골소재였고, 지금도 끊임없이 변주되고 있다. 앞으로도 마찬가지일 것이다. 이렇듯 3000년 전 지도에서 사라진 도시 트로이는 오늘날까지도 사람들의 기억 속에 살아서 뜨겁게 숨 쉬고 있다.

트로이 _ 신과 인간이 만든 불멸의 드라마

문명의 무덤,
역사의 분수령

마추픽추

III | 세계사의 흐름을 바꾼 계획도시의 명멸

통만성 ▼

모헨조다로 ▼

모헨조다로

인더스 문명의 우듬지

파키스탄 남쪽 인더스강 하류에는 4500년 전에 존재했던
고대 도시 모헨조다로의 유적이 있다. 진흙으로 구운
700만 장의 벽돌로 건설된 이 도시는, 상하수도와
목욕탕과 곡식 창고에 이르기까지 대단위 공동체가
살아가는 데 필요한 모든 조건을 갖추고 1000년간 번영을
누렸다.

≋

시대를 초월한
고도의 계획도시

오랜 세월 모헨조다로Mohenjo-daro는 브라만교나 힌두교의 신화에서나 등장하는 상상 속의 도시였다. 그러나 1920-1930년대에 걸친 대대적 발굴은 이곳이 실재를 넘어서 인류 문명의 한 정점에 다다른 도시였음을 알리게 된다.

　모헨조다로는 기원전 2500년에서 2100년 사이에 조성된 것으로 추정된다. 정사각형 형태를 띤 도시의 전체 면적은 5km 정도이고, 내부는 바둑판 눈금처럼 구획이 나눠져 있는 구조다. 이는 모헨조다로가 자연스럽게 형성된 게 아니라 처음부터 계획적으로 건설된 도시임을 보여준다.

　또한 흙을 굳혀서 만든 폭 9-14m의 간선도로 12개가 존재했는데, 이

모헨조다로 유적지의 거리와 항공사진. 바둑판 구조를 따라 곧게
뻗은 도로망은 이곳이 계획도시였음을 말해준다.

를 경계로 12개 소구역이 나뉘었다. 도로가 있다는 것은 물자를 운반하는 수송수단의 존재를 의미한다. 모헨조다로에서는 그보다 조금 앞선 이라크의 수메르 문명에서 그랬듯 당나귀나 소를 이용한 수레 정도가 사용되었을 것으로 짐작된다. 12개 구역 가운데 11개 구역은 일정한 크기의 집들이 모여 있는 형태로 지어졌다. 현대의 아파트처럼 4500년 전의 모헨조다로에도 인구가 밀집된 주거 지역이 존재했던 모양이다.

많은 인구의 도시가 유지되려면 반드시 필요한 것이 넉넉한 식량과 이를 보관할 장소다. 모헨조다로에도 대규모 식량 창고의 흔적이 발견되었다. 창고의 지붕에는 일정하게 구멍이 뚫렸는데, 이 또한 실수나 파손이 아니라 의도한 것이라고 한다. 그만큼 환기가 되어 곡식이 오래 보존될 수 있기 때문이다.

대도시의 유지에는 식량 이외에도 필요한 조건이 하나 더 있다. 많은 사람들이 살면서 자연스레 발생하는 생활하수를 내보낼 배수 시설이다. 사실 현대에도 하수도가 없거나 부족한 도시가 많다. 그런 곳은 오물이 넘쳐나 불결해지고 곧잘 전염병이 들끓기 마련이다. 놀랍게도 4500년 전의 도시 모헨조다로에는 벽돌로 만든 가지런한 하수구가 도시 곳곳에 설치되었다. 나아가 하수도 위에는 일정한 간격으로 맨홀이 뚫려 있었다. 이를 통해서 오물을 제거했던 것으로 보인다. 또한 부유층의 집에는 걸터앉아 볼일을 볼 수 있는 화장실까지 마련되어 있었다. 대소변은 외부로 연결된 하수도를 통해 깨끗이 배출되는 구조였다.

모헨조다로 _ 인더스 문명의 우두지

모헨조다로 시가지 유적의 배수로. 4500년 전
이 도시에는 우물을 이용한 상수도 시설과 배수 및
하수 체계가 완비되어 있었다.

대규모 공중목욕탕의 존재도 주목할 만하다. 역시 벽돌로 지어진 이 목욕탕에는 방수를 위해 콜타르 코팅까지 되어 있었다고 한다. 학계에서는 이곳이 단순한 공중목욕탕이 아니라 종교의식을 준비하거나 치르는 장소였다고 본다. 오늘날 힌두교에서 목욕을 통해 죄를 씻는 정화의식을 행하듯, 그와 비슷한 제례가 모헨조다로에도 있었다는 것이다. 이 밖에 모헨조다로에는 물건을 거래하는 상점이나, 기술자들이 머무르면서 건물이나 물건을 고쳐주는 공방도 존재했다.

특이한 점은 모헨조다로에는 정치 지배자가 살았을 법할 건축물의 흔적이 없다는 것이다. 이 때문에 학자들은 이 도시가 왕정이 아닌 성직자들이 정치까지 관장한 신정사회였다고 추정한다. 이는 고대사회에서 흔히 찾아볼 수 있는 체제이기도 하다. 이 책에 자주 등장하는 유대인 역시 최초의 왕 사울이 등장하기 전까지는 야훼를 섬기는 제사장들이 부족을 지배하는 신정사회였다.

그렇다면 모헨조다로에는 어떤 사람들이 살았을까? 확실한 기록은 없지만 유적에서 발견된 인더스 문자에서 실마리를 찾을 수 있다. 인더스 문자는 오늘날까지 완벽한 해독이 불가능한 상형문자로, 오늘날 인도 남부에 거주하는 드라비다인Dravidian의 언어와 관련이 있다고 한다. 드라비다인은 대체로 피부색이 어둡고 검은 눈동자에 긴 곱슬머리가 눈에 띄는 민족이다. 겉보기에는 아프리카 흑인과 비슷해 보이지만 유전적으로는 동남아 지역 원주민 오스트로네시아 인종과 가까운 것으로 여겨진다.

민가로 추정되는 구역. 하수도와 맨홀까지 설치되어 있었다.

공중목욕탕 유적. 몸을 씻는 용도뿐만 아니라, 종교의식에도 사용되었을 것으로 추정된다.

모헨조다로에서 출토된 성직자 조각상과
상형문자. 고고학계는 이 유물들이 고대
드라비다인과 관련이 있을 것으로 추정한다.

기후변화와 외세에
무너지다

1000년간 번영하던 모헨조다로는 기원전 1900년 무렵부터 서서히 쇠퇴하기 시작한다. 기후변화와 잇따른 홍수로 불거진 식량 수급 문제가 컸다. 건축용 벽돌 제작에 필요한 땔감을 위해 계속된 벌목으로 산림이 황폐해진 영향도 있었다고 한다.

결정적인 타격은 외세의 침입이었다. 기원전 1700년경 멀리 러시아와 카자흐스탄의 대초원에서 온 아리아인이 모헨조다로에 들이닥쳤던 것이다. 아리아인은 드라비다인과 생김새부터 판이했다. 어두운 피부와 검은 눈의 드라비다인과는 대조적으로 아리아인은 밝은 피부에 붉거나 노란색의 머리카락과 벽안을 특징으로 하는 백인종에 속했다. 모헨조다로를 시작으로 아리아인은 인도 전역을 점령해 나갔다. 이들은 최신 무기인 군마와 전차를 앞세워, 인도의 원주민인 드라비다족을 정복하거나 남쪽으로 쫓아내고 그 터전을 차지했다.

아리아인의 세력 확장을 두고 무력 침공이 아니라 평화적 이주였다고 보는 시각도 있다. 하지만 모헨조다로에서 발굴된 유골 가운데는 두개골에 칼자국이 나거나 집안이나 우물가에서 죽은 걸로 추정되는 것들이 다수 존재한다. 이는 이 도시에서 물리적 충돌이나 학살이 벌어졌음을 보여주는 증거다. 아직도 고대 인류는 전쟁을 몰랐고 원시사회는 평화로웠을

모헨조다로의 성벽과 감시탑 유적. 이 도시의 말년이
평화롭지 않았음을 암시한다.

것이라는 통념이 존재한다. 그러나 1970년대부터 인류학자들이 원시생활을 유지하는 아프리카·중남미 오지의 원주민 마을을 찾아 생활상을 탐문해본 결과, 그들 또한 분쟁에 익숙했고 바깥세상 못지않은 잔인함과 폭력성을 가지고 있었다. 그리고 이 점은 앞서 살펴본 고대 도시들의 파괴자들 역시 마찬가지다.

하물며 정복을 위해 모헨조다로에 들이닥친 아리아인이 그들보다 평화적일 까닭이 없다. 재미있는 점은 아리아인이 숭배한 번개와 비의 신 인드라Indra는 '성과 요새의 파괴자'라는 별칭으로 불렸다는 것이다. 힌두교 경전《리그베다》에서는 "오랜 세월이 옷을 낡게 하는 것처럼, 성과 요새들을 하나씩 하나씩 가루로 만들었다"며 인드라의 활약상을 찬양했다. 이는 아리아인의 인도 정복을 신의 뜻으로 정당화한 것이지만, 그들이 그만큼 무자비했다는 말이기도 하다.

한편 아리아인의 압박에 밀려난 드라비다인은 인도 남부로 이주해 오늘에 이르게 된다. 현재 남인도에서 사용하는 칸나다어·텔루구어·말라얄람어·타밀어가 바로 드라비다어에서 갈라져 나온 언어다. 다시 말해 이들 네 언어를 쓰는 사람들은 드라비다인의 후손으로, 어쩌면 이들이야말로 진짜 인도인이라고 볼 수 있겠다.

모헨조다로의 멸망과
인도 문화의 재편

모헨조다로의 멸망이 가져온 아리아인과 드라비다인을 비롯한 인도 원
주민과의 접촉은, 이후부터 현재까지 3000년에 걸쳐 정교화·제도화되며
인도사회를 규정하는 체제를 만들어낸다. 그것은 피부색에 따른 신분 질
서, 카스트Caste 제도다.

　백인계 민족으로 피부색이 밝은 아리아인은 드라비다인의 어두운 피
부를 보고 '더럽고 부정하다'며 업신여겼다. 공교롭게도 아리아인의 신앙
인 브라만교와 힌두교에서 등장하는 사악한 종족—아수라와 락샤사(나
찰)와 야크샤(야차)—들은 모두 어두운 색의 피부를 지닌 것으로 묘사되어
왔다.

　그런 이유로 아리아인은 자신들의 지배 권력을 굳건히 다지고자 피부
색에 따라 신분-직업-복식 따위를 구분 짓는 카스트를 만들었다. 가장 높
은 첫 번째 계급은 브라만교의 경전인《베다》를 읽고 신들에게 제사를 지
내는 사제들인 브라만, 그 다음 계급은 왕족이나 귀족으로 이루어진 무
사들인 크샤트리아다. 이 브라만과 크샤트리아가 오랜 세월 인도를 지배
해온 계급이고, 그 아래의 바이샤와 수드라는 피지배 계급이다. 바이샤는
농민과 상인으로, 수드라는 노예와 천민으로 이루어졌다.

　이러한 구분은 아리아인과 같은 인도-유럽어족에 속하는 페르시아나

브라만
성직자

크샤트리아
관직자와 무사

바이샤
농민과 상인

수드라
노예

불가촉천민
계급 외

신체의 각 부분에 빗댄 카스트 제도. 아리아인이 모헨조다로를 침공한 이래
3000년에 걸쳐 제도화된 이 신분제는 오늘날까지 인도 사회 전반을 규정하고 있다.

켈트족 및 게르만족의 사회에서도 대동소이하며, 중세 유럽의 성직자-기
사(귀족)-농노로 이어지는 신분 제도 또한 이와 유사하다. 16세기부터 유
럽의 백인들이 중남미와 동남아 등의 정복지에 이식한 카스트 제도 역시
인도에서처럼 피부색을 기준으로 삼았다. 언제나 유럽 본토의 백인이 가
장 높은 대우를 받았고, 그다음이 식민지에서 태어난 백인이었다. 백인-
원주민 사이에서 출생한 이들은 중간층, 피부색이 가장 어두운 원주민은
최하층으로 천대받았다.

모헨조다로 _ 인더스 문명의 우듬지

한편 인도의 카스트에는 앞서 살핀 네 계급 바깥에 또 하나의 최하층 계급이 존재한다. 찬달라Chandala 혹은 달리트Dalit라 불리는 불가촉천민 不可觸賤民이다. 이들은 글자 그대로 다른 계급과 몸이 닿는 것조차 금기시 되는 존재로, 멸시와 박해의 수천 년을 보내왔다.

카스트 사회에서 불가촉천민은 가축보다 못한 신세였다. 가령 우물에 염소가 빠지면 그 염소를 건져내고 사용하면 그만이었다. 그런데 불가촉천민이 빠진 우물은 더럽다고 폐쇄해버리고 새로 우물을 파는 식이었다. 이들은 《베다》를 배울 수도 읽을 수도 없었다. 이를 어겼다가 발각되면 눈·귀·혀·손 등 관련 신체를 훼손하는 형벌에 처해졌다. 불가촉천민 여성은 다른 계급의 남성에게 겁탈당해도 저항할 수 없었다. 이런 지경이니 19세기 인도를 식민통치하던 영국 정부가 나서서 그 폐단을 규제할 정도였다. 1947년 독립 이후 민주공화국으로 거듭난 인도 정부도 헌법과 법률로 신분 차별을 없애기 위해 애쓰고 있지만 누대에 걸쳐 뿌리박힌 악습은 오늘날까지 사라지지 않고 있다.

아리아인이 인도에 카스트라는 신분제를 탄생시켰다면, 인도는 아리아인의 식문화를 바꾸었다. 아리아인은 본래 대초원에서 유목생활을 하던 종족으로 소고기를 즐겼다. 기원전 1800년부터 약 1000년간, 아리아인의 브라만교에서는 신에게 제사를 지낼 때마다 황소를 제물로 바쳤고, 제사가 끝나면 그 고기를 계급별로 나눠 먹었다. 그러던 인도의 아리아인들이 기원전 600년경 이후 돌연 소고기 먹는 풍습을 버리더니, 나아가 육식 자체를 금기시하기 시작했다. 어떻게 된 일일까?

인도 정착 초창기의 아리아인은 본디 풍습대로 목초지에 소떼를 방목했다. 그런데 드넓은 평원에 경작 대신 소를 방목하는 것은 굉장히 비효율적인 생산 방식이다. 다만 과거 아리아인이 유목생활을 하던 땅은 인간이 먹을 작물을 키우기에는 너무나 척박했기에 선택의 여지가 없었을 뿐이다. 반면 인도의 덥고 습한 기후는 농사에 최적이었다. 세월이 흐르고 인구가 늘면서 인도의 아리아인도 방목에서 농경으로 자연스럽게 이동해갔을 것이다.

목초지가 농장으로 개간될수록 소의 개체 수는 줄어들었다. 게다가 경작에 필요한 노동력과 식량(우유), 땔감(소똥)을 제공하는 소는 이전처럼 잡아먹어서는 안 될 귀한 존재로 거듭났다. 결국 브라만과 크샤트리아 등 인도의 지배층은 아예 소고기 먹는 것을 금지했다. 금기를 정당화하기 위한 가장 좋은 수단은 종교다. 그렇게 브라만교 이후에 등장한 힌두교에서 소를 신의 사자이자 성스러운 동물로서 보호하라고 가르치고, 소의 도축과 식용은 신성모독이자 죄악이라는 교리가 정립된 것이다.

힌두교 신화에는 소를 신성시하는 대목이 끊임없이 발견된다. 최고신들 가운데 하나인 비슈누가 인간화한 영웅인 크리슈나는 소를 키우는 목동이었고, 시바는 난디라는 황소를 타고 다니며, 암소 한 마리의 몸속에는 무려 3억3000만 신들이 산다고 한다. 이런 까닭에 힌두교도들은 소의 똥과 오줌조차 성스럽게 여겨서 몸에 바르거나 사원에 뿌린다. 인도의 독

아리아인이 인도에 계급제도를 뿌리내렸다면, 토착 인도인은 아리아인의 식생활을
뒤바꾸었다. 암소 한 마리의 몸에 수억에 달하는 신이 산다고 믿을 만큼 인도에서는
소가 신성시된다.

립영웅이자 국부國父인 마하트마 간디 또한 "소를 지키는 것이야말로 힌두교의 핵심 교리다"라고 단언할 정도였다.

인도인들이 무려 200년간 영국의 지배를 받았으면서도 저항을 포기하지 않고 끝내 독립을 쟁취한 배경을 소고기 문제에서 찾는 견해도 있다. 소를 신성시한 인도의 힌두교도들이 유럽에서도 소고기를 가장 즐기는 영국인을 부정한 이방인으로 규정하며 독립의 의지를 다졌다는 것이다.

이렇듯 3000년 전 아리아인의 모헨조다로 침입은 현재까지 인도인의 삶을 규정하고 있는 신분제도와 종교, 식문화의 변화로 이어졌다. 그런 의미에서 모헨조다로의 멸망은 찬란했던 인더스 문명의 종지부인 동시에 새로운 시대로 이어지는 분기점이었다고 할 수 있겠다.

모헨조다로 _ 인더스 문명의 우듬지

통만성

천하를 꿈꾼 흉노의 마지막 요새

중국 통일을 꿈꾼 흉노족의 마지막 도읍 통만성.
애니메이션 〈뮬란〉의 배경으로도 알려진 이곳은 10만
백성의 피땀으로 6년에 걸쳐 건설된 당대의 요새였다.
견고함은 천하제일이었고, 그 화려함 또한 정복자조차
경탄할 정도였다는 통만성을 건설한 흉노는 어째서
대륙의 주인이 되지 못했을까?

흙으로 쌓아올린 철옹성

통만성統萬城의 주인은 중국의 5호16국 시대, 대하大夏 왕조(407-431)를 세운 혁련발발赫連勃勃(재위 407-425)이다. 그는 몽골 초원에서 유목생활을 하던 흉노족 출신이었다. 흉노는 한때 중국의 통일 왕조인 전한을 굴복시키고, 한무제를 상대로 수십 년간 격전을 벌일 만큼 용맹한 전사 집단이었다. 그 후손인 혁련발발 또한 혼란에 빠진 중국 대륙을 평정하겠다는 야심만만한 풍운아였다.

통만성은 그 야심의 실천이었다. 혁련발발은 현재 산시성과 내몽골의 접경지대를 대하의 도읍지로 삼고 통만성 건립을 시작했다. 서기 413년의 일이다. 통만은 '만방萬邦(천하)을 다스린다'는 뜻이다. 혁련발발은 동서남북을 여닫는 각각의 성문에 천하통일의 방안을 담은 초위招魏, 복량服

통만성 유적지 전경. 동서와 남북으로
각각 500m에 달하는 거성이었다.

凉, 조송朝宋, 평삭平朔이라는 이름을 붙였다.

동문인 초위는 위나라를 부른다는 뜻으로 탁발선비족이 세운 북위北
魏를 불러와 무릎 꿇게 한다는 의미다. 서문 복량은 서북쪽 세력인 북량北
凉의 굴복을, 남문 조송은 멀리 양쯔강 이남의 송나라에게 조공 받음을 의
미한다. 북문의 삭은 초원을 가리키는 말로, 몽골의 유목민 유연柔然을 평

지도에서 사라진 도시들

정한다는 뜻이다. 요컨대 동서남북에 위치한 나라들을 굴복시킴으로써 천하를 제패하겠다는 명명인 셈이다.

통만성의 건축 책임자는 질간아리叱干阿利라는 인물이었다. 그는 이 공사에 10만 명의 백성을 동원했다. 흥미로운 점은 그가 혁련발발의 야심을 석성石城이 아니라 토성土城으로 축조했다는 것이다. 이는 내몽골 평원에서 마땅한 석재를 구하기 어려웠기에 내린 자구책으로 보인다.

토성이라고 해서 결코 부실한 건축물은 아니었다. 질간아리는 점토와 석회를 구워 만든 흙벽돌 사이에 탄산칼슘과 찹쌀죽을 섞어 만든 접착제를 발라 성벽을 올렸다. 성을 쌓는 데 곡식을 썼다는 것에 의아해 할 사람도 있겠지만, 찹쌀은 만리장성 축조에도 사용된 유서 깊은 건축 자재다.

공사는 엄격하게 진행되었다. 질간아리는 축조된 성벽을 일일이 돌며 감독했는데, 그 방식이 잔인하기로 악명 높았다. 가령 송곳으로 성벽의 아무 곳이나 찔러서 한 치(3cm) 이상 들어가면 부실 공사로 보고 해당 인부들을 모조리 죽여 버렸다는 것이다. 일설에는 그 인부들의 시신을 성벽 안에 넣고 흙으로 막아버렸다고도 한다. 물론 유적지 성벽에서 인골이 발견되었다는 기록이 없는 만큼, 이는 글자 그대로 사실이라기보다는 그런 소문이 나돌 정도로 통만성 건축이 난공사였다는 의미일 것이다.

그도 그럴 것이 통만성에 관한 기록은 5호16국의 역사를 다룬《진서晉書》의 〈혁련발발재기〉에서 언급되는데, 그 집필자는 한족이었다. 따라서 한족과 흉노의 오랜 앙금을 고려할 때, 질간아리가 공사 인부들을 잔인하

1600여 년이 흐른 지금도 뼈대가 온전히 유지되고 있는 통만성의 성벽. 벽을 송곳으로 찔러서 한 치 이상 들어가면 인부들을 처형했다는 이야기가 전해질 만큼 악명 높은 공사였다.

게 다뤘다는 기록은 흉노의 야만과 포악함을 강조·과장하려는 의도가 엿보이는 대목이라고 할 수 있다.

통만성은 6년간의 공사 끝에 419년에 완공되었다. 크기는 동서로 492m에 남북으로 527m, 높이는 30m에 달했다. 성의 네 모서리에는 방어용 감시탑이 들어섰고, 동서남북 네 방향으로 난 성문들마다 옹성甕城이 만들어졌다. 옹성은 성을 보호하기 위해 성문 바깥에 원형이나 방형으로 축조한 소형 성벽을 가리킨다. 한국의 경기도 수원 화성에 남아 있는

옹성을 통해 그 형태를 짐작할 수 있다. 이 옹성의 성벽이나 성문 위에서
도 병사들이 보초를 섰을 것이다.

완성된 통만성의 성벽은 견고함으로 명성이 자자했다. 그 단단함이
마치 쇠로 만든 벽과 같았으며, 흙벽임에도 불구하고 칼을 갈 수 있을 정
도였다고 한다. 성안에는 혁련발발과 그 일가를 위한 궁궐도 세워졌다.
궁궐 내부에는 울창한 숲과 연못과 고탑高塔과 수백 칸의 방들, 정자와
정원을 비롯해 온갖 호화로운 시설이 들어섰다. 시설 곳곳은 화려한 그
림과 조각으로 장식되었고, 화려하게 수놓은 비단 휘장이 위엄을 더했
다. 오늘날 내몽골의 황량한 풍경에 익숙한 독자들은 이런 묘사에 의구
심을 품을 지도 모른다. 그러나 통만성이 지어진 5세기경만 해도 그 지
역은 숲이 우거지고 물이 풍부했다. 사료에 기록된 풍경이 자연스러운
기후였던 것이다.

나라가 망하고도 살아남은
통만성

천하통일의 야심을 담아 통만성을 축조했지만, 정작 그 야심의 주인공인
혁련발발은 성이 완공된 지 불과 6년 만에 마흔다섯의 나이로 세상을 떠
났다. 그의 죽음과 함께 대하 왕조는 국력이 크게 기울기 시작한다. 혁련
발발의 생전에 그의 형제-자식 간 후계 다툼으로 골육상쟁이 벌어졌기

때문이다. 혁련발발은 셋째 혁련창赫連昌을 후계자로 삼고 눈을 감았다. 그러나 불행히도 혁련창은 아버지의 재능도, 야망도 물려받지 못한 인물이었다.

이런 대하 왕조를 동쪽의 북위는 가만두지 않았다. 북위는 흉노와 같은 유목민족인 탁발선비족의 나라였다. 그들의 선대인 동호東胡는 기원전 200년경, 흉노의 침공으로 왕을 비롯한 수많은 백성들이 죽임을 당했고, 살아남은 이들도 터전을 떠나 거의 300년간 숨어 지내야 했다. 그 기억에 사무친 북위로서는 흉노족의 나라 대하가 철천지원수일 수밖에 없었다.

그리하여 혁련발발이 죽은 이듬해인 426년, 북위는 벼르고 별렀던 대하 정벌을 시작한다. 북위 황제 태무제太武帝는 군을 두 개로 나눠 대하의 수도 통만성과 그보다 남쪽에 자리한 장안長安(현재의 시안)을 동시에 공략하기로 하고, 친히 통만성 공격을 맡았다. 마침 신하들과 함께 성 밖에서 연회를 벌이고 있던 혁련창은 갑자기 들이닥친 북위군에 놀라서 황급히 피신한 뒤 성문을 걸어 잠갔다. 그 틈에 북위군은 통만성 바깥에서 기르던 소와 말을 비롯한 가축 10만여 마리와 이를 관리하던 백성들을 사로잡는 전과를 올렸다. 한편 남쪽으로 진격한 또다른 북위군은 장안을 점령하는 데 성공한다.

이듬해, 혁련창이 장안을 탈환하기 위해 적잖은 병력을 파견한 틈을 타, 태무제는 다시 10만의 군사를 동원해 대하로 진격한다. 혁련창이 수성에 주력하며 장기전으로 나올 것을 예상한 태무제는 3만의 기병대만

사람과 말이 모두 갑옷을 입은 중무장 기병. 5호16국 시대
중국에서는 이런 중무장 기병이 전쟁터를 지배했다.
(6세기경 북위 시대의 작품으로 추정)

선비족 군인을 묘사한 무덤 벽화. 용맹함으로 명성을 떨친 선비족은
5호16국 시대 이후 중국사의 전면에 부상하게 된다.

선봉으로 내세워 통만성 공격을 시작한다. 성을 함락하기에는 역부족한
병력으로 대하군을 끌어내려는 계책이었다. 예상대로 북위군의 숫자가
적은 것에 방심한 혁련창은 성 밖으로 나와 전투를 시작했다. 하지만 태
무제의 진두지휘하에 매복해 있던 나머지 보병들이 합세하면서 기세가
오른 북위군을 당해낼 순 없었다. 전세가 기울자 혁련창은 성안으로 복귀
하지 못하고 다른 곳으로 피신해 전열을 가다듬지만, 결국 이듬해 북위군
에게 사로잡히고 만다.

　대하군의 주력을 격파한 태무제는 여세를 몰아 통만성에 입성한다. 점

지도에서 사라진 도시들

령 후 성안의 화려한 시설을 목격한 태무제는 "작은 나라가 백성들의 고혈을 짜내서 이렇게 사치를 부렸으니, 어찌 망하지 않고 버티겠는가?"라며 탄식했다고 한다. 한편 대하에서는 포로가 된 혁련창을 대신해 동생 혁련정이 즉위했지만, 431년 그 또한 선비족 계열의 토욕혼에게 죽임을 당하게 된다. 이로써 대하 왕조는 완전히 몰락했다. 천하통일이라는 기치를 내걸고 개창한 지 불과 24년 만에 벌어진 허망한 최후였다. 견고한 성벽에 집착해 민심을 잃은 국가의 자명한 운명이기도 했다.

통만성을 점령한 태무제는 약탈을 명했다. 그의 전리품 목록은 3000마리의 말과 수천 마리의 소와 양, 수많은 보물들로 채워졌다. 여기에 대하의 왕족과 관료를 비롯한 1만 명의 포로가 더해졌다. 태무제는 북위로 돌아가면서 통만성을 파괴하지 않고 그대로 보전하라는 명령을 내린다. 통만성이 워낙 견고한 성채이다 보니 적대 세력인 유연의 침입에 대비한 요새로 삼으려는 의도에서였다. 게다가 1년 전의 전투에서 경험했듯, 통만성 주변은 가축을 방목하기 좋은 여건을 갖추고 있었다. 그런 이유들로 태무제는 북위 병사들에게 통만성을 지키는 동시에 소와 말 등의 가축을 키우도록 지시한다.

그렇게 새 주인을 맞은 통만성은 이후 수-당나라에 이를 때까지 약 400년간 북방의 요새로 기능하게 된다. 아이러니하게도 훗날 통만성이 파괴되는 원인도 그 견고함에 있었다. 994년 통만성을 점령한 송나라 태종은 곧바로 성을 파괴하라는 명령을 내린다. 이는 통만성이 워낙 북방에

통만성 _ 천하를 꿈꾼 흉노의 마지막 요새

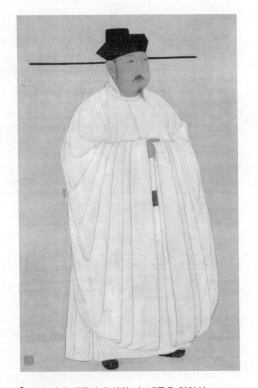

송나라 태종의 초상화. 송 태종은 천하의
요새인 통만성이 적의 손에 넘어가는 걸
염려해 파괴하라는 명령을 내렸다.

위치해 있어서 한참 떨어진 개봉開封(현재 카이펑)을 도읍으로 삼은 송나라
가 관리하기 어려운 데다가, 적대국인 서하西夏가 천하의 요새인 이곳을
차지한다면 두고두고 근심거리가 될 것이라는 우려 때문이었다.

그리하여 대륙의 주인이 수차례 바뀌는 가운데서도 575년을 버텨온
이 사연 많은 성채는 송나라 군대의 손에 허물어지고 말았다. 다만 외성
(성벽)이 파괴되었을 뿐, 내부의 유적은 내몽골 지역에 고스란히 남아 있
다. 이 또한 워낙 튼튼하게 지어진 까닭에 송나라 병력들이 완벽하게 부
수기 힘들었기 때문이라고 한다.

흉노와 선비의 운명을 가르다

500년간 통만성을 두고 벌어진 사건들은 이후 전개된 중국사에서 적잖
은 의미를 갖는다. 그 첫 번째는 흉노와 선비로 대표되는 북방세력 패권
의 향배다. 앞서 이야기했듯 가장 먼저 강성했던 북방세력은 흉노였다.
그들은 대륙의 주인을 놓고 한나라와 자웅을 겨루었고, 한때는 전한에서
조공을 받기도 했다. 서진 이후 5호16국 시대에 들어와서도 선두주자는
흉노였다. 흉노족의 우두머리 유총劉聰은 서진의 황제 회제에게 술을 따
르게 하고, 이 모습을 본 서진의 신하들이 슬피 울자 그들과 회제를 모두
처형한 바 있다. 유총의 조카 유요劉曜는 서진의 황후를 빼앗아 자신의 아
내로 삼기도 했다. 이렇듯 중국 황실을 대놓고 욕보일 만큼 흉노의 위세

는 대단했다.

그에 비해 선비족의 시작은 미약했다. 흉노에 복속되어 납작 엎드려 지내던 선비족은 서진의 멸망(316)에 따른 혼란을 틈타 비로소 자립을 꾀할 수 있었다. 이후 흉노가 세운 전조前趙(304-329)가 내분을 겪는 동안 북위(386-534), 남연(398-401), 북연(407-436) 등 독자 정권들을 세우며 중원(양쯔강 북쪽)에서 세력을 키워나갔다. 기세가 커져가는 선비와 먼저 터를 잡고 있던 흉노와의 일전은 시간문제였다.

북위-대하가 통만성을 두고 벌인 두 차례의 전투는 곧 중원의 패권을 판가름하는 자리였다. 여기서 선비족이 승리함으로써, 한때 한나라를 위협하며 대륙을 휩쓸었던 흉노의 시대는 완전히 저물고 만다. 반면 선비족의 나라 북위는 양쯔강 이북을 평정하며 남쪽의 송나라와 더불어 남북조 시대를 열게 된다. 북위가 무너진 이후에도 선비족은 동위-서위 및 북제-북주를 잇달아 건국하며 그 힘을 간직하다가 마침내 수-당으로 이어지는 통일대제국을 만들어냄으로써 중국 역사에 커다란 획을 긋게 된다. 반면 대하의 멸망 이후로 흉노는 더 이상 독자 정권을 세우지 못하고 역사에서 퇴장하고 만다. 요컨대 통만성에서의 일전이 두 민족의 운명을 판가름한 셈이다.

한편 송나라 태종이 지시한 통만성 파괴는 중국의 정치·경제·문화 중심지가 황하에서 양쯔강 이남으로 이동했음을 보여주는 상징적 사건이기도 하다. 5호16국 시대까지 중국의 중심은 낙양과 장안으로 대표되는

지도에서 사라진 도시들

양쯔강 이북 또는 황하였다. 이에 비해 양쯔강 이남은 한족이 북방민족의 침입에 떠밀려 내려간 피난지로, 무더위와 습기와 전염병이 들끓는 촌구석으로 취급받았다. 그러나 수-당 시대를 거치면서 양쯔강 이남은 풍족한 곡창 지대로 개발되었고, 송나라 시대부터는 명실상부한 중국의 중심으로 떠오르게 된다.

반면 역사의 주무대로 주목받던 황하 부근은 송대 이후로 양쯔강 이남에서 식량을 공급받아야 할 만큼 곤궁한 신세가 된다. 잦은 전쟁을 겪으며 토양이 황폐해진 데다가, 온난다습하던 기후가 한랭건조한 소빙기로 변화하면서 벌어진 일이었다. 후한 시대까지 낙양과 장안이 중국의 주요 곡창지대였음을 감안한다면 처지가 완전히 뒤바뀐 것이다.

마추픽추

태양을 꿈꾼 구름 위의 도시

태양신을 섬긴 15세기 잉카인은 안데스 산맥에서도
드높이 솟은 봉우리에 마추픽추를 건설했다. 한때
외계인의 솜씨로 오해받을 만큼 정교한 건축술과
과학기술의 요체인 마추픽추는 안데스 문명의 정점으로
평가받으면서도 정작 그 용도와 흥망에 관해 명확하게
밝혀진 것이 없는 수수께끼의 도시다.

≈

'늙은 봉우리'의 도시

마추픽추Machu Picchu는 잉카 제국의 옛 수도 쿠스코에서 80km 떨어진, 해발 2400m 안데스 산맥 정상부에 자리 잡고 있다. 마추픽추는 토착어인 케추아어로 '늙은 봉우리'라는 뜻으로, 마추픽추가 위치한 산봉우리를 가리키는 지명이기도 하다. 그 맞은편에는 '젊은 봉우리'를 의미하는 우아이나픽추가 있다. '늙은 봉우리'라는 이름을 통해 이곳이 대 이어 살아온 원주민에게도 유서 깊은 장소였음을 짐작할 수 있다.

계단만 3000개에 달하는 마추픽추의 건설 목적과 용도를 두고서는 의견이 분분하다. 먼저 이곳이 군사 요새였으리라는 짐작이 있다. 쿠스코로 향하는 길목에 자리 잡은 데다가 험준한 산맥 위 테라스 지형에 위치했다는 점, 동서쪽으로는 깎아지른 낭떠러지라 진입이 불가능하다는 점 때문

태양신 인티에게 바치는 성스러운 돌, 인티와타나. 해시계이자 각종 천문 관측소인
동시에 종교 행사장으로도 사용되었다.

이다. 아래쪽으로 우루밤바 계곡이 훤히 내려다보이는 이곳에서는 적의
침입에 대응하기가 용이했을 것이다.

한편 페루의 '살카마이우아'라는 사람이 1620년에 남긴 기록에 따르면,
잉카의 건국 시조인 망코 카팍Manqu Qhapaq이 '내가 태어난 곳에 세 개의
창을 낸 석벽을 세우라'는 지시를 내렸다고 한다. 이를 근거로 마추픽추가
황실의 성지 또는 종교적 수도였다고 보는 견해가 있다. 실제 마추픽추에
는 '세 창문의 신전'으로 불리는 건축물이 존재한다. 그 밖에 다른 건물들

역시 대부분 종교 사원이거나 별의 움직임을 관찰하고 점을 치는 관측소, 지배 계급의 거처로 추정되는 점이 이 견해를 뒷받침한다.

도시 서편에는 인티와타나Intiwatana(태양을 붙들어 매는 기둥)라는 이름의 성스러운 돌이 있다. 잉카인이 숭배한 태양신 인티와 관련된 유적이다. 잉카인은 스스로를 인티의 자손으로 여겼고, 매년 하지 무렵에 인티 라이미Inti Raymi(태양의 축제)라는 성대한 의식을 치르며 태양을 인티와타나에 붙들어 매기를 기원했다. 태양을 붙들어 맨다는 표현은 풍년을 이뤄줄 따뜻한 볕이 계속되길 빈다는 뜻이다. 인티와타나의 기둥은 해시계로도 사용됐으며, 하지·동지·춘분·추분 등의 절기와 달의 움직임을 관측하는 기능도 겸했다.

마추픽추의 건축에 숨겨진 비밀

200여 개의 건축물로 구성된 마추픽추에는 인티와타나 말고도 태양과 관련한 유적이 더 존재한다. '태양의 신전' 또는 '태양의 탑'이라 불리는, 마추픽추의 심장으로 일컬어지는 건물이다. 언뜻 봉화대처럼 생긴 이 원형 건축물은 위로 갈수록 둘레가 좁아지는 구조를 띠고 있다. 놀라운 점은 칼날 하나 들어가지 않을 만큼 빈틈없이 맞물린 이 석재 건축에 아무런 접착제도 사용되지 않았다는 것이다. 이는 도시를 관통하는 정교한 수

'늦은 봉우리'를 뜻하는 마추픽추의 전경.

로와 함께 마추픽추와 잉카 문명의 놀라운 기술력을 보여주는 사례인 동시에 외계문명설 또는 초고대문명설이라는 역사적 판타지의 주된 근거이기도 하다.

잉카를 비롯해 지금은 사라진 문명들이 남긴 거대한 건축물에 관한 그럴듯한 신비주의는 많은 이들을 홀려 왔다. 대표적으로 에리히 폰 데니켄 Erich von Däniken은《별들로의 귀환》에서 남태평양 이스터섬의 모아이 석상을 두고 "이렇게 완벽한 건축물을 지으려면 현재의 과학기술보다 더 뛰어난 도구를 가져야만 한다. (아마도 인류보다 뛰어난) 지능을 가진 자들이 이스터섬에 왔는데, 자신들이 여기에 왔다는 사실을 남기거나 아니면 자신들을 도와준 원주민들에게 고마움을 나타내기 위해서 자신들이 가진 최첨단 기술로 모아이 석상들을 만들었을 것이다"라고 주장한 바 있다.

그러나 전 세계의 고대 건축물을 조사해온 고고학자들의 연구에 따르면 외계문명설의 주장은 대부분 거짓이다. 예컨대 모아이 석상은 부피에 비해 무게가 가벼운 응회암으로 만들어졌다. 5m짜리 크기의 석상이라 해도 18톤을 넘지 않는다. 무엇보다 돌로 만든 까뀌와 송곳 같은 기초적인 도구로도 만들 수 있다는 사실이 증명되었다. 나무가 없는 이스터섬에서는 인력으로 석상을 옮길 수 없다는 주장 또한 반박된다. 조사 결과 과거 이스터섬은 야자나무가 풍성하게 우거졌던 곳으로, 그 덕분에 나무로 만든 썰매와 지렛대와 굴림대를 이용해 석상을 목적지까지 안전하게 운반할 수 있었기 때문이다. 오늘날 이스터섬에 나무가 없는 것은 석상 제

태양의 신전. 잉카인은 스스로를 태양신 인티의 후손이라고 믿었다.

작과 운반을 위한 무분별한 벌목 때문이었다. 그리고 이런 주장들은 이스터섬을 방문한 고고학자들이 원주민들과 함께 모아이 석상의 제작에서 운반까지 옛 방식 그대로 재현해냄으로써 사실로 입증되었다.

그렇다면 태양의 신전을 비롯한 마추픽추의 건축물들은 어떻게 만들어졌을까? 이 또한 생각 외로 복잡하지 않다. 우선 구리로 만든 톱과 망치로 돌을 잘라낸 다음, 형태별로 끼워 맞물린다. 테트리스 게임에서처럼 별별 모양의 블록을 틈새에 맞추는 방식이다. 단순한 방식이지만 이렇게 하면 못이나 접착제를 쓰지 않고도 얼마든지 돌들을 단단히 맞물려 고정할 수 있다. 실제로 마추픽추를 비롯해 잉카인이 만든 건축물들은 잦은 지진에도 무너지지 않고 수백 년을 버틸 만큼 튼튼함을 자랑한다. 반면 잉카 제국을 멸망시키고 중남미를 지배했던 스페인 정복자Conquistador들이 건설한 가톨릭 성당들은 지진에 속절없이 무너져 내렸다고 한다.

태양의 신전은 거대한 화강암이 받치고 있는데, 아래편에 그 화강암을 지붕 삼은 지하동굴이 존재한다. '왕의 무덤'으로 불리는 곳으로, 그 이름처럼 황제(사파 잉카)의 시신을 안치한 장소로 추측된다. 잉카 제국에서는 황제의 시신을 모두 미라로 만들었다. 잉카인은 죽은 육신을 미라로 만들어 보존하면 그 영혼은 계속 살아갈 수 있다고 믿었기 때문이다. 정기적으로 미라의 옷을 갈아입히고, 고인이 생전에 즐겼던 음식을 바치는 것은 물론 사원의 여성 성직자들을 동원해 노래와 춤으로 미라에 깃든 영혼을 위로하는 의식을 치르기도 했다. 아울러 잉카의 군대는 전투가 벌어지면

마추픽추의 성벽과 탑. 접착제를 전혀 사용하지 않았음에도 석재가 정교하고
단단하게 맞물려 있어 놀라움을 자아낸다.

황제의 미라들을 꺼내서 선봉에 세우고 행군했는데, 이는 미라의 신비로
운 힘이 승리를 안겨준다는 믿음에서 비롯된 행동이었다.

잉카 황제는 사후 미라가 되는 일에 결사적이었다. 이는 내세의 삶으
로 이어지는, 죽음에서 다시 부활하는 과정으로, 미라가 되지 못한다는
것은 곧 영원한 소멸을 의미했기 때문이다. 이와 관련해 1533년 스페인
의 정복자 프란시스코 피사로Francisco Pizarro와 잉카 제국 황제 아타우알

장의석葬儀石으로 불리는 유적. 장례나 제의를 치렀던 장소로 추정된다.

태양의 신전 아래에 자리 잡은 '왕의 무덤'. 그 이름처럼 황제의 시신을 안치하거나
미라 의식을 치렀던 장소로 짐작된다.

세 창문의 신전. 잉카의 건국 시조 망코 카팍이 명했다는 '내가 태어난 곳에 세 개의 창을 낸 석벽을 세우라'는 기록과 일치하는 유적이다.

파Atahualpa의 일화가 전해진다. 정복자 피사로에게 사로잡힌 아타우알파는 '자신이 잡혀 있는 방을 가득 채울 만큼의 황금과 은'을 약속하고, 실제로 6톤의 황금과 그 두 배에 달하는 은을 지불했지만, 스페인 정복자들은 누명을 씌워 그를 화형에 처하려고 했다. 아타우알파는 차라리 교수형에 처해달라고 호소했고, 기독교로의 개종을 조건으로 시신을 미라로 보존하는 데 만족해야 했다고 한다.

태양의 신전 북서편에는 앞서 소개한 '세 창문의 신전'이 있다. 사다리꼴 모양을 한 세 개의 창과 이 건물이 어떤 용도였는지는 아직까지 밝혀지지 않았다. 다만 주변의 유적들과 나란히 놓고 볼 때, 아마도 태양의 움직임을 관측했던 건물로 추정할 뿐이다. 가까운 예를 찾자면 별자리를 관측하고 제사를 지내던 신라 왕궁의 첨성대와 비교할 수 있을 것이다.

마추픽추로 보는
잉카인의 생활

마추픽추는 산비탈을 따라 쌓은 3000개의 계단식 테라스 위에 200여 개의 건축물로 구성된 도시다. 중심부에는 커다란 광장이 존재했는데, 주민들을 동원하거나 중대한 소식을 전할 때 이용되었을 것이다. 도시의 바깥에는 라마 사육장과 잉카인의 주식인 감자·옥수수 밭이 있었다.

라마는 남아메리카에 서식하는 낙타과의 동물이다. 잉카인은 이 라마

계단식 텃밭. 주로 옥수수와 감자 같은 작물들을 기른 것으로
알려져 있다. 오늘날에도 마추픽추 주변에서는 계단식 농경이
이뤄지고 있다.

를 키워 고기와 가죽을 얻는 한편, 종교의식이나 황실 행사 때마다 제물로 바친 후 잔치를 벌였다. 중앙아메리카의 아즈텍인과는 달리 잉카 제국에는 식인 풍습이 없었는데, 연구자들은 이 차이에 관해 잉카인은 라마에서 충분한 고기를 얻을 수 있었던 덕분으로 분석한다. 다만 라마는 기질이 사나운 데다가 덩치에 비해 힘이 약한 편이어서 사람이 타서 이동하거나 물건을 수송하는 가축으로는 적합하지 않았다. 그 때문에 잉카인은 무거운 짐도 인력으로 나르곤 했는데, 이런 운송 수단의 부재는 16세기 이후 스페인 정복자들과의 전쟁에서 패인으로 작용하기도 한다.

옥수수와 감자는 잉카 제국의 중심부인 페루를 비롯해 라틴아메리카에서 유래한 작물이다. 옥수수는 멕시코 지방이 원산지로 1521년 스페인이 멕시코를 정복한 뒤에 외부로 전해졌다. 그 이전의 서양사를 다룬 문헌에서 옥수수가 언급되는 경우가 있지만, 이는 밀을 비롯한 곡식 일반을 가리키는 영어 단어 Corn(콘)을 옥수수로 번역한 데서 생긴 오류이다.

감자는 특히 마추픽추가 자리한 안데스 산맥이 원산지로 잉카 문명을 살찌운 대표적 작물이다. 잉카인은 감자를 겨울 서리와 햇볕에 얼리고 말리기를 반복하며 '추뇨'로 만들었는데, 이는 세계 최초의 냉동건조 식품으로도 알려져 있다. 추뇨는 감자를 장기간 보관할 수 있는 일종의 비상식량이었다. 20세기 초 마추픽추를 처음 발견한 고고학자 하이럼 빙엄Hiram Bingham III도 마추픽추 주변의 페루 농민에게 추뇨를 대접받고는 그 맛이 아주 좋았다고 기록했다.

500년 만에 걷힌 구름

1911년 예일대에서 고고학을 연구하던 하이럼 빙엄은 잉카 제국의 마지막 수도이자 최후의 항전지였던 빌카밤바Vilcabamba를 탐험하기 위해 우르밤바 계곡까지 다다른 끝에 대규모 유적을 발견한다. 잉카 제국 몰락 이후 역사에서 자취를 감춘 마추픽추가 근 500년 만에 다시 모습을 드러낸 순간이었다. 마추픽추는 그야말로 미지의 도시였다. 스페인 정복자들은 잉카를 침략한 이후 각지를 돌아다니며 아주 세세한 것까지 보고 들은 대로 모두 기록으로 남겼지만, 마추픽추와 관련한 언급은 찾을 수 없다. 이는 그들이 마추픽추의 존재를 몰랐거나 적어도 그곳에 방문한 적이 없음을 의미한다.

그런데 잉카는 교역과 안보를 목적으로 총연장 3만km에 달하는 세계 최대 규모의 간선도로 체계를 보유한 제국이었다. 카팍냔Qhapaq Ñan이라 불리는 이 도로망은 산꼭대기에서 해안까지, 열대우림과 사막을 잇는 안데스 문명의 혈관이었지만 동시에 대양 건너편 침입자들의 훌륭한 가이드이기도 했다. 험준한 산맥을 가로지르는 카팍냔을 목격한 스페인의 정복자 페드로 데 시에사 데 레온Pedro de Cieza de Leon은 저서《페루의 역사Crónica del Perú》에서 "이렇게 훌륭한 도로는 이제까지 없었다. 이 도로는 험준한 산과 계곡을 넘어 눈과 늪을 뚫고서 커다란 바위의 위를 지나서 강과 연결되었다. 평야는 물론이고 심지어 절벽이나 골짜기에도 도로가 놓여졌다. 도로 어디에도 쓰레기 같은 더러운 오물은 보이지 않으며, 길목 곳곳에 술집과 창고와 사원이 지어져서 사람들이 편하게 쉴 수 있다"고 상찬한 바 있다.

이렇듯 잉카 제국 사방을 촘촘히 연결했던 도로망을 고려하면 스페인인이 마추픽추를 아예 몰랐을 가능성은 낮아 보인다. 만약 그렇다면 이들이 마추픽추를 찾지 않은 까닭은 무엇일까? 이에 관해서는 고지대-벽지라는 지리적 특성과 더불어 서구 침입자들의 목적인 황금 및 귀금속의 부재를 단서로 짐작할 수 있다. 마추픽추는 잉카 제국의 수도 쿠스코보다 해발고도는 낮지만 깎아지른 봉우리에 위치한 탓에 진입 난이도는 몇 배나 높은 곳이었다. 그런데 그런 오지에 스페인인이 그토록 집착했던 황금과 은이 없다면? 요컨대 잉카 제국 곳곳을 뒤지고 다녔던 스페인 정복자들도 마추픽추의 존재를 알았지만 동시에 어떤 경로로든 그곳에 황금과 은이 없다는 정보를 가지고 있었기에 애써 찾지도, 따라서 파괴하지도 않았으리라는 추정이다.

실제로 하이럼 빙엄의 발견 이후 수차례 이뤄진 마추픽추 발굴조사에서 돌·청동·흑요석으로 제작된 수천 점의 유물이 양호한 상태로 출토된 반면, 금은이나 그것으로 만든 유물은 전혀 나오지 않은 사실이 이런 짐작에 설득력을 더한다.

그렇더라도 '엘도라도El Dorado(황금이 넘쳐나는 도시)'로 대표되는 잉카의 이미지를 떠올릴 때 마추픽추 정도의 도시에 금이 전혀 없었다는 것은

잉카의 도로. 총연장 3만km의 간선도로망은 안데스 문명의 혈관인 동시에 침입자들의 훌륭한 길잡이가 되었다.

분명 기이한 일이다. 그러다 보니 마추픽추의 흥망을 다른 시각에서 분석하는 전문가도 있다. 페루의 고고학자 빅토르 앙흘레스 바르가스Victor Angles Vargas가 대표적이다. 그는 마추픽추가 스페인인이 잉카에 침입하기 전인 15세기 후반에 이미 사람이 살지 않는 폐허가 되었다고 본다.

몰락의 원인에 대한 의견도 분분하다. 우선 자국의 내전에 휘말려 몰살을 당했다는 설이 있다. 황위를 놓고 벌어진 다툼이나 부족 간 분쟁이 끊이지 않았던 잉카 제국의 역사와, 패배한 황족이나 부족에 관용 없는 학살을 자행한 기록이 이런 시각을 뒷받침한다.

또 다른 가설은 아클라Accla라고 하는 잉카 문명의 특정 직업군과 관련된 것이다. 아클라는 잉카의 전통문화를 전수하고 태양신에 대한 제례를 관장하는 선택된 여성들로 아클라후아시Acclahuasi라는 교육기관을 통해 양성되었다. 아클라는 일정 기간 순결을 강제당했고, 따라서 황제라도 마음대로 건드릴 수 없는 존재였다. 이를 어길 때는 자연스럽게 가혹한 집단 처벌이 뒤따랐다. 앞서 소개한 마추픽추의 종교적 건축물과 공교롭게도 이곳에서 출토된 유골이 모두 여성의 것이었다는 사실은 이 도시의 몰락이 아클라 제도와 관련 있으리라는 추측을 그럴듯하게 만든다.

마지막은 전염병 가설이다. 마추픽추에 역병이 퍼져 주민들이 전멸했거나 도시를 버리고 떠났다는 것이다. 실제로 스페인 정복자들보다 앞서 대륙에 정박한 스페인 탐험가와 선원들을 통해 퍼진 전염병은 잉카 제국을 파국으로 몰고 갔다. "쿠스코는 거대한 공동묘지처럼 고요합니다. 전염병이 수많은 사람들을 송장으로 만들고 있기 때문입니다. 하나같이 고열에 시달리며 온몸에 반점이 돋아난 채 죽어가고 있습니다. 계곡을 오르내리는 일꾼들도 예외가 아닙니다." 1490년대 말, 잉카 황제에게 전달된 한 신하의 서신은 당시의 참상을 간접적으로나마 묘사하고 있다. 쿠스코에서 멀지 않은 곳에 있던 마추픽추 역시 이 같은 재앙을 피하기는 어려웠을 것이다. 유럽에서 건너온 전염병은 1200만 잉카 인구의 90%를 죽음에 이르게 했다. 잉카의 국력은 급격히 쪼그라들었고, 결국 1000명 안팎의 스페인 군대에게 대제국이 정복당하는 기가 막힌 역사로 이어졌다.

50년 만의 먹구름

오늘날 마추픽추 유적지의 들머리에는 고고학자 하이럼 빙엄의 공적을 기록한 표지석이 서 있다. 그가 발견한 이 신비의 도시는 이후 1970년대까지 계속된 발굴과 복원 사업을 통해 안데스 문명의 찬란했던 과학기술과 건축술을 상징하는 유적지로 화려하게 부활하게 된다. 1983년 마추픽추는 유네스코 세계유산(역사보호지구)에 등재되었고, 2007년에는 만리장성·콜로세움·타지마할 등과 함께 '신新 세계 7대 불가사의'에 선정되기도 했다. 남미는 물론 아메리카 대륙, 나아가 전 세계에서 손꼽히는 명소가 된 마추픽추는 오늘날 페루 관광 수입의 90%를 벌어들이는 거대한 상품이기도 하다.

하루 1500명, 연간 수십만에 달하는 여행자와 관광객의 발길은 마추픽추를 전례 없이 빠른 속도로 파괴하고 있다.

문제는 스페인 정복자들의 약탈을 무사히 넘기고, 500년이라는 시간의 풍화작용까지 버텨낸 이 도시가, 정작 복원 이후 하루도 쉬지 않고 밀려드는 여행자와 관광객의 발길에 속절없이 파괴되고 있다는 것이다. 하루 수천에 이르는 인파를 감당하기 위해 신설된 도로와 터널·철도는 물론 유적지 코앞까지 호텔이 들어서는 등 난개발이 계속되면서 마추픽추의 풍경은 빙엄이 묘사했던 '잉카의 왕관, 깎아지른 벼랑 위에 우뚝한 화강암 도시의 낭만'에서 점점 멀어지고 있다. 2001년 일본 교토대학 방재 연구소는 마추픽추 유적지의 경사면이 연간 10cm 이상 깎여 내려가고 있다며 지반 붕괴를 경고하기도 했다.

이런 사태를 두고 볼 수 없었던 유네스코에서는 2003년 페루 당국에 마추픽추 일대의 방문객 수를 통제할 것을 권고했다. 이와 함께 '위험에 처한 세계유산'에 마추픽추를 등재하는 안건이 심각하게 논의되기도 했다. 페루 정부도 뒤늦게나마 관광객 통제와 유적지 보존 대책에 나섰지만, 관광 수입에 의존하게 된 지역 주민들의 반발이 만만찮은 실정이다. 2019년에는 인근 마을 친체로Chinchero에 신공항 건설까지 추진되면서 마추픽추의 유적지와 생태를 둘러싼 보전-개발 논란은 갈수록 가중되고 있다.

15세기, 태양을 꿈꾼 잉카인은 그 염원을 담아 구름 위의 도시 마추픽추를 건설했다. 한때 외계인의 솜씨라고 오해받을 만큼 정교한 문명으로 축조된 이 도시는 지도에서 사라진 지 500년 만에 찬란했던 안데스 문명의 증거이자 상징으로 부활해 세계인의 사랑과 관심을 받고 있다. 그러나 관광 산업에 매몰된 페루 당국의 유적 관리 정책으로 마추픽추는 발굴 이후 단 50년 만에 전례 없는 훼손과 파괴로 신음하고 있다. 역사는 반복된다고 했다. 황금의 도시 엘도라도에 대한 탐욕으로 잉카 문명을 파괴한 스페인 정복자들의 과오를 잉카인의 후예들이 반복하고 있는 것은 아닐까?

마추픽추_ 태양을 꿈꾼 구름 위의 도시

책

《공동번역 성서》

《공동번역 개정판 성서》

《동방 기독교와 동서문명》, 김호동 지음, 까치

《로마제국 쇠망사 1》, 에드워드 기번 지음, 윤수인·김희용 옮김, 민음사

《마르코 폴로의 동방견문록》, 마르코 폴로 지음, 김호동 옮김, 사계절

《메소포타미아와 히브리 신화》, 조철수 지음, 길

《몽골제국 기행》, 플라노 카르피니·윌리엄 루브룩 지음, 김호동 옮김, 까치

《미스터리 세계사》, 제니퍼 웨스트우드 지음, 김향 옮김, 가람기획

《사해사본의 진실》, 마이클 베이전트·리처드 레이머 지음, 김문호 옮김, 위즈덤하우스

《상식 밖의 동양사》, 박윤명 지음, 새길

《상식 밖의 세계사》, 안효상 지음, 새길

《성경: 고고학인가 전설인가》, 이스라엘 핑컬스타인 지음, 오성환 옮김, 까치

《성서가 된 신화》, 게리 그린버그 지음, 김한영 옮김, 씨앗을뿌리는사람

《세상에서 가장 재미있는 세계사 1~3》, 래리 고닉 지음, 이희재 옮김, 궁리

《수메르 신화》, 조철수 지음, 서해문집

《십자군 전쟁》, 조르주 타트 지음, 안정미 옮김, 시공사

《알렉산드로스, 침략자 혹은 제왕》, 마이클 우드 지음, 남경태 옮김, 중앙m&b

《어메이징 세계사》, 도현신 지음, 서해문집

《역사는 수메르에서 시작되었다》, 새뮤얼 노아 크레이머 지음, 박성식 옮김, 가람기획

《역사의 비밀 1/2》, 한스 크리스티안 후프 지음, 이민수 옮김, 오늘의책

《역사의 지배자》, 한스 크리스티안 후프 엮음, 윤순식 옮김, 오늘의책

《완전한 승리 바다의 지배자》, 존 R. 헤일 지음, 이순호 옮김, 다른세상

《임페리움》, 한스 크리스티안 후프 외 지음, 박종대 옮김, 말글빛냄

《잉카》, 카르망 베르낭 지음, 장동현 옮김, 시공사

《전장을 지배한 무기전 전세를 뒤바꾼 보급전》, 도현신 지음, 시대의창

《중국을 말한다 7》, 허청웨이 기획, 구청푸·류징청 지음, 김동휘 옮김, 신원문화사

《중국을 말한다 8》, 허청웨이 기획, 류징청 지음, 이원길 옮김, 신원문화사

《중동의 판타지 백과사전》, 도현신 지음, 생각비행

《지도로 읽는다 미스터리 세계사》, 역사미스터리클럽 지음, 안혜은 옮김, 이다미디어

《지도에서 사라진 사람들》, 도현신 지음, 서해문집

《지도에서 사라진 종교들》, 도현신 지음, 서해문집

《크리티아스》, 플라톤 지음, 이정호 옮김, 이제이북스

《트로이》, 에르베 뒤셴 지음, 김정희 옮김, 시공사

《페르시아의 종교》, 유흥태 지음, 살림출판사

《황하에서 천산까지》, 김호동 지음, 사계절

《알라가 아니면 칼을 받아라》, 고원 지음, 동서문화사

《이슬람제국의 탄생》, 톰 홀랜드 지음, 이순호 옮김, 책과함께

《티마이오스》, 플라톤 지음, 박종현 외 옮김, 서광사

《헤로도토스 역사 상/하》, 헤로도토스 지음, 박광순 옮김, 범우사

인터넷 자료

〈3400년 전에 멸망한 종족이 지금도 살고 있는 도시-룩소르에서 다마스커스까지(59) 세계에서 가장 오래된 도시 예리코〉, 《오마이뉴스》, 이승철, 2007년 9월 28일

대한성서공회 https://www.bskorea.or.kr/

영어 위키피디아 https://en.wikipedia.org/wiki/Main_Page